NOËL
autour du monde

HACHETTE

C. Kaïler et R. Lowndes

Adaptation de Michèle Kahn

Poèmes de Pierre Oster

12 Noëls autour du monde

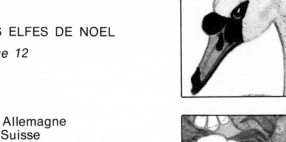

Comment utiliser ce livre?

Ce bel ouvrage est composé de douze chapitres représentant les scènes de Noël les plus caractéristiques dans les différents pays du monde. Vous découvrirez chaque fois une nouvelle figurine, un grand décor peuplé de petits personnages, et une page de calendrier. Bien sûr, vous pourriez les découper directement. Mais ne serait-ce pas dommage de détruire cet album, et de limiter ainsi vos possibilités de création, d'adaptation, et d'invention ?

Nous vous conseillons donc de décalquer les plans des personnages et des décors, de reporter le décalque sur un papier fort ou un carton léger, puis de les colorier avant de les assembler. Vous aurez alors la possibilité de varier les modèles à l'infini et de créer vos propres scènes de Noël.

Bien entendu, pour obtenir un heureux résultat, vous devrez respecter scrupuleusement les indications de pliage et de découpage qui sont portées sur les planches de l'ouvrage. Votre calque doit donc être soigneusement effectué. Au cours du montage, reportez-vous à la grande photographie qui se trouve en fin de chapitre et aux petites photographies des pages 7, 8 et 9. Les numéros, qui accompagnent les explications particulières à chaque figurine, vous renvoient à ces photographies numérotées.

Un dernier conseil : ne travaillez pas trop vite. Un peu de soin, et de patience, et les résultats seront parfaits, nous en sommes certains.

DECALQUEZ PUIS DECOUPEZ AVEC SOIN TOUS VOS MODELES, ET N'UTILISEZ PAS TROP DE COLLE.

Il vous faut : du papier calque ; du carton léger ou du papier fort ; de la gouache ou des crayons de couleur ; une colle transparente ; une paire de ciseaux ; quatre pailles.

Souvenez-vous toujours : de bien reporter les pointillés .... pour le pliage ;

de tracer avec précision les traits noirs _____ pour le coloriage ;

de reporter soigneusement les surfaces pointillées pour le collage.

1 Corps : enduire de colle la bande pointillée, puis enrouler et coller.

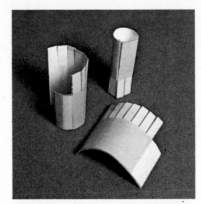

2 Cou : franger en découpant les petits traits noirs. Enrouler et coller le cou. Enduire de colle la partie frangée, et faire glisser le cou dans l'encolure. Faire adhérer la frange, en éventail, à l'intérieur du corps.

5 Main : plier au milieu, enduire l'envers de colle, et faire adhérer. Coller la main, pouce vers le haut, à l'intérieur de la manche A. Coller le sommet de la manche sur le corps, à l'emplacement prévu à cet effet, et à gauche ou à droite selon la figurine.

3 Manche A et ses morceaux de doublure.

4 Plier suivant le pointillé, et coller. Coller les deux morceaux de doublure.

6 Manche B et sa doublure : plier et coller la manche. Coller la doublure.

7 Deuxième main : Plier au milieu et coller. Coller la main à l'intérieur de la manche B. Coller le sommet de la manche sur le corps, à l'emplacement prévu à cet effet.

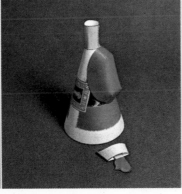

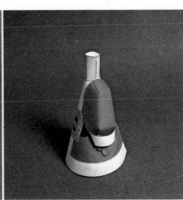

10 Enduire de colle le dos de la manchette, et la coller au corps en la glissant sous le bas de la manche.

8 Manches C et leur manchette : Père Noel et Babouchka. Echancrer la manche en coupant le long des petits traits pleins. Donner à la manche une forme de coquille, et coller. Arrondir la manchette à coller.

9 Coller la main à la manchette. Enduire de colle le bord intérieur de la manche et la presser sur le corps en laissant le bas libre.

11 Jambes et leur support : franger en coupant le long des petits traits pleins. Enrouler chaque jambe et coller. Replier le bord frangé vers l'extérieur, l'enduire de colle et coller les jambes côte à côte, sur le support plié selon le pointillé.

12 Enduire de colle le côté extérieur des plans du support, et les coller à l'intérieur du corps. Le support ne doit pas dépasser le bas du manteau.

13 Cape : berger, Befana, saint Nicolas, Venceslas, Lucia, Melchior, Gaspard, Balthazar. Faire tenir par quelques points de colle ou, s'il y a lieu, coller le bout de la patte sur l'autre côté de la cape, et enfiler.

14 Tête : plier, puis coller le cercle vide à l'envers du visage.

15 Bonnet : elfe de Noël, Père Noël. Replier les languettes et les enduire de colle. Coller une moitié du bonnet à l'avant de la tête, et l'autre moitié à l'arrière. Rassembler le bonnet par quelques points de colle sur l'un des bords intérieurs.

16 Chapeau et ses deux revers : berger, Befana. Coller les revers à l'intérieur du chapeau. Plier les deux moitiés du chapeau à angle droit. Ajuster comme le bonnet de l'Elfe de Noel (fig. 15).

17 Couronnes : Venceslas, Melchior, Gaspard, Balthazar. Coller le devant de la couronne sur le front de la figurine ; plier les languettes et les coller sur l'arrière de la tête. Plier, rabattre et coller le dos de la couronne.

18 Cheveux et auréole de l'ange de Noël : coller l'ensemble frange-nattes sur la tête. Coller l'envers des nattes. Assembler envers contre envers les deux faces de l'auréole. Replier la patte et la coller sur la tête, à l'emplacement prévu à cet effet.

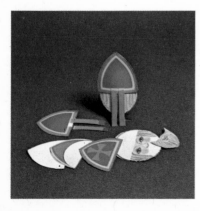

19 Mitre de saint Nicolas : assembler, envers contre envers, l'intérieur et l'extérieur de la mitre. Coller les deux rubans à l'arrière. Enduire de colle l'intérieur de la mitre et la poser sur la tête.

20 Cheveux et couronne de Lucia . assembler, envers contre envers, le dessous et le dessus de la chevelure. Coller l'ensemble à l'arrière de la tête. Plier les bougies en deux et coller. Les bougies du centre se collent l'une contre l'autre au sommet.

21 Foulard de Babouchka : coller l'avant du foulard pour qu'il encadre le visage. Coller les deux pointes sous le menton puis la pastille rouge, pour former le nœud. Coller l'arrière du foulard sur le dos de la tête (franger la partie médiane du bord pointillé, avant de le replier et le coller).

22 Capuchon du Père Noel : rabattre et coller les deux pointes du capuchon (pour former la doublure). Rabattre les deux surfaces blanches et arrondir pour que les deux quarts de cercle forment une moitié d'encolure. Coller la collerette sur l'ensemble de la surface blanche, en faisant coïncider l'encolure. Puis fixer les deux pointes latérales du capuchon par des points de colle.

23 Nœud du tablier et panier de Babouchka : coller les deux rubans échancrés au milieu du dos. Plier en deux les deux autres rubans dans le sens de la longueur. Les arrondir pour former des boucles, et les faire adhérer, au milieu du dos, sur les rubans échancrés déjà collés. Fixer le nœud de la ceinture sur l'ensemble. Assembler les parois du panier, et coller les anses l'une contre l'autre.

24 Lanterne de l'elfe de Noël . plier en suivant toutes les lignes pointillées. Former la lanterne et coller. Rabattre les deux languettes vers l'intérieur et coller. Assembler les deux anneaux.

25 Ailes et clochettes de l'ange de Noël . assembler, envers contre envers, les faces des ailes. Coller la traverse au dos de l'ange. Assembler la clochette argentée. Coller les deux parties du manche de bois en laissant libres les surfaces blanches. Glisser le manche dans la clochette, et coller les surfaces blanches contre les parois argentées.

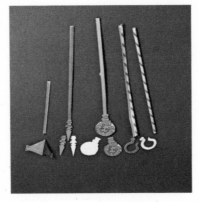

26 Houlette du berger, balai de Befana, crosse de saint Nicolas, lance de Venceslas . plier le manche. Aplatir une paille et la placer à l'intérieur du manche pour le consolider. Assembler envers contre envers, les deux faces de l'objet, et coller en englobant le bout du manche.

27 Plateau de Lucia : plier au milieu, et coller. Fixer les brioches sur la surface blanche. Relever les anses du plateau.

28 Coffrets . Melchior, Gaspard, Balthazar. Plier suivant les pointillés et coller.

29 Fixer la tête au cou : aplatir légèrement le haut du cou, et glisser la tête sans la coller, ce qui permet de la faire tourner.

9

Mise en place des décors : reportez chaque décor sur une feuille de papier dessin par décalcage, ou mieux, à main levée (votre inspiration n'en sera que plus libre). Prenez alors une feuille de carton de même largeur que votre paysage, et débordant de dix centimètres à sa base. Collez soigneusement les deux bords supérieurs du décor et du carton, et repliez la partie inférieure de celui-ci. Elle deviendra le support des petits personnages que vous aurez décalqués, coloriés, puis découpés, sur du bristol.

Prenez une autre feuille de carton, de la même hauteur que le décor, pour former le soutien. Pliez-la au milieu, dans le sens de la hauteur, et collez l'une des moitiés au dos du paysage. Repliez la base des petits personnages, enduisez-la de colle, et fixez tout ce petit monde sur votre support de carton.

A la dernière page de cet album, vous trouverez quelques idées qui vous aideront à mettre vos chefs-d'œuvre en valeur.

LE CALENDRIER

Ce livre contient douze chapitres, autant qu'il y a de mois dans une année. La première page de chaque chapitre, dédiée à l'un ou l'autre mois, comporte une illustration toujours différente. Vous pouvez vous en inspirer pour réaliser, par décalcage et coloriage, un charmant calendrier.

Pour faire un calendrier de bureau :

Décalquez et reportez sur un beau papier les pages correspondant aux douze mois de l'année (n'hésitez pas, bien sûr, à interpréter les modèles). Prenez toujours pour repères le bord supérieur de la page et la limite inférieure de la bande colorée qui porte les jours du mois : vous obtiendrez ainsi douze feuillets dont la longueur ira en augmentant. Rassemblez-les en faisant coïncider très exactement les bords supérieurs que vous percerez à l'emplacement des deux trous prévus en haut de chaque page. Maintenez l'ensemble avec deux anneaux brisés. Vous aurez alors un calendrier de bureau très personnalisé, aux 365 jours visibles d'un seul coup d'œil.

Pour faire un calendrier mural :

Procédez comme il est indiqué ci-dessus, mais remplacez les anneaux par un ruban, et suspendez votre calendrier au mur !

Une perdrix dans un poirier
Attend le mois de février.
C'était Noël. Voici l'automne.
Mais rien aujourd'hui ne m'étonne.

Les Elfes de Noël

Connaissez-vous les elfes, qui ont coutume d'escorter le Père Noël danois ? Au Danemark, tous les enfants les connaissent, car leur maman, avant le baiser du soir, leur conte souvent l'histoire de ces curieux lutins. Imaginez de minuscules bonshommes barbus, espiègles et rusés, qui tiennent à l'aise dans un trou de serrure ou un dé à coudre ! Minuscules, oui, mais leur pouvoir est immense ! Vêtus de lainage écru grossièrement tissé, coiffés d'un petit bonnet rouge vif, ils hantent les granges et les dépendances des fermes. Sans eux, que d'accidents surviendraient ! Ils veillent sur tous, grands et petits. Encore ne faut-il pas oublier, ces jours de Noël, de leur offrir un bol de lait ou une bouillie d'avoine ! Car les elfes de Noël sont des personnages très capricieux, qui n'en font qu'à leur tête, si petite soit-elle ! Et d'ailleurs, on les honore depuis si longtemps !

Une vieille légende scandinave raconte que, la nuit de Noël, le dieu Odin survolait les neiges de Scandinavie en compagnie d'une armée d'elfes malfaisants. Plutôt que de rencontrer le cortège infernal, chacun se terrait chez soi ! Toutefois, il existait d'autres elfes, de bons génies ceux-là, qui furent les ancêtres de nos elfes de Noël.

Mais on ne se contente pas de parler des elfes, pendant les longues veillées de l'hiver danois : on prépare Noël, et on s'y prend très tôt. Un soir, la maîtresse de maison ouvre tout grand son armoire, et plonge son bras derrière les piles de linge. De cette cachette, elle sort de grandes et mystérieuses boîtes de carton. Vite, on soulève le couvercle ! Aux yeux des enfants émerveillés, apparaissent alors des cœurs, des paniers, des clochettes, des étoiles, des anges aux robes multicolores, tous ces ornements de papier qui transforment un sapin de la forêt en arbre de Noël richement paré. Sans perdre un instant, chacun s'arme de ciseaux, de colle, de papier, de pommes de pin, de brins de paille, et l'on se met à la besogne ! Ainsi Noël, bien avant l'heure, s'introduit à pas feutrés dans les foyers danois.

Tout le monde participe aux joyeux préparatifs. Le grand écrivain Hans Christian Andersen lui-même maniait très habilement les ciseaux, et il inventa, paraît-il, ces jolis cœurs de papier entrelacé qui, dans tout le Danemark, se posent, légers, sur les branches des arbres de Noël.

Jusqu'à la dernière minute, pourtant, l'arbre reste bien caché, préparé en secret par les parents ! Le grand soir venu, quel éblouissement soudain de couleurs, de lumières et d'odeurs ! Au parfum sucré de la résine se mêle bientôt le fumet de l'oie rôtie, fourrée aux pommes et aux pruneaux, accompagnée de sauce onctueuse, de chou rouge cuit, et de pommes de terre caramélisées. Vient ensuite le *Julegrod* tant attendu, un pudding de riz au sucre et à la cannelle. Il semble que les elfes de Noël se fâcheraient tout rouge si on oubliait d'en déposer pour eux un petit bol sur le seuil de la porte ! Dans le pudding se cache une amande... Celui qui la trouvera gagnera un joli cochon de massepain rose. Ensuite, après le dîner, on chante des noëls en dansant autour de l'arbre scintillant, orné de toutes les merveilles amoureusement découpées, peintes, collées pour lui, et aussi de petits drapeaux danois... Enfin, les enfants se précipitent sur les cadeaux qui, au pied du sapin, les attendent depuis le début de la soirée !

Dans les pages suivantes, vous trouverez un elfe de Noël et sa lanterne, de petits personnages du Danemark, et le décor d'une ville danoise.
Souvenez-vous de décalquer avec précision, de plier suivant les pointillés, et de couper le long des traits pleins. Suivez attentivement les explications et comparez avec les diverses photographies.
Faites glisser les pièces enduites de colle jusqu'à ce qu'elles trouvent leur emplacement définitif. Coupez et pliez avec beaucoup de soin.
Un peu de patience, un peu d'attention, et vous êtes sûr de la réussite !

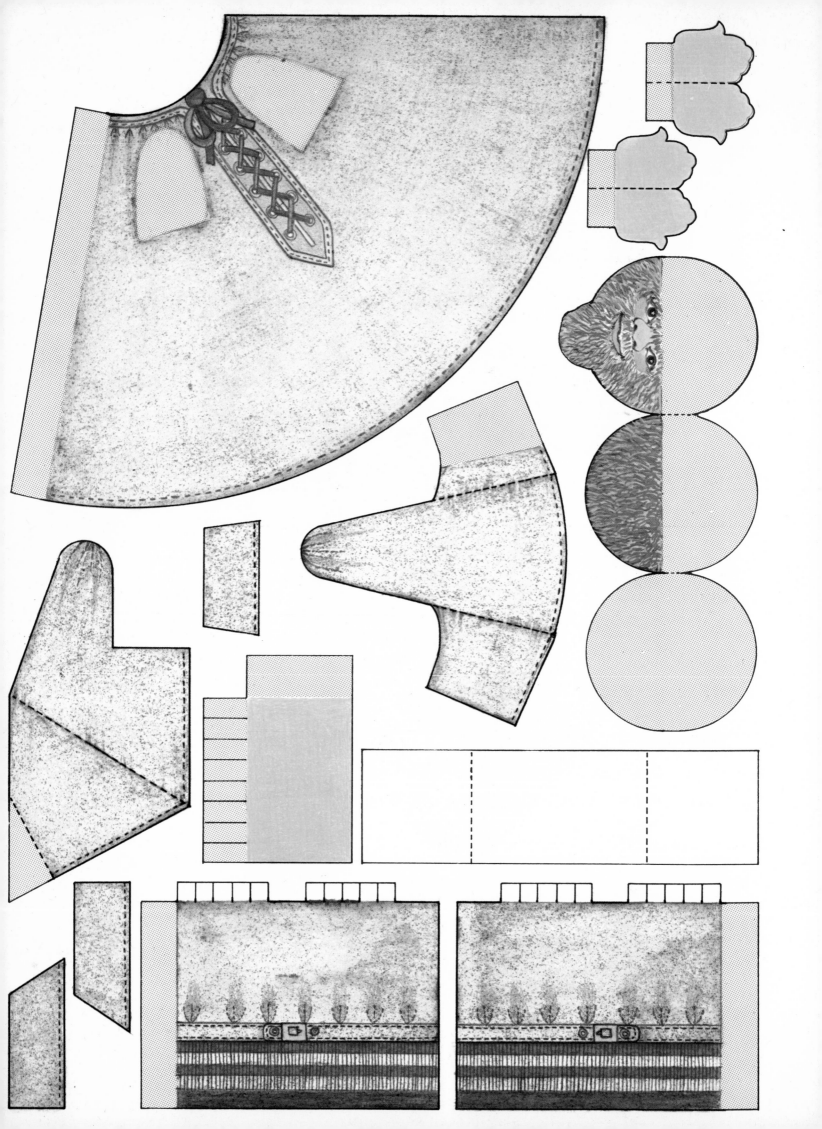

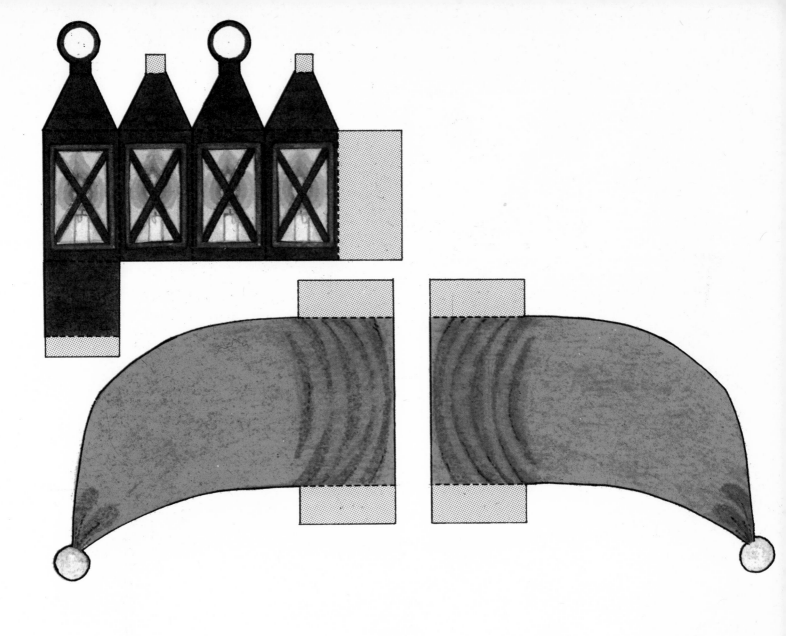

L'elfe de Noël

Décalquez, reportez vos calques sur un carton léger ou un papier fort, coloriez, découpez vos pièces et comparez-les avec la photographie qui se trouve au verso de cette page. Reportez-vous ensuite aux illustrations numérotées, en tête de l'ouvrage (pages 7, 8 et 9). Vous aurez ainsi tous les éléments nécessaires à la réalisation de vos figurines.

Exécutez les opérations dans l'ordre suivant :

corps : photographie **1** (page 7)
cou : photographie **2**
manche A : photographies **3, 4** et **5**
manche B : photographies **6** et **7**
jambes : photographies **11** et **12**
tête : photographie **14**
bonnet : photographie **15**
placez la tête sur le cou : photographie **29**
lanterne : photographie **24**
collez la lanterne dans la main droite.

Danemark

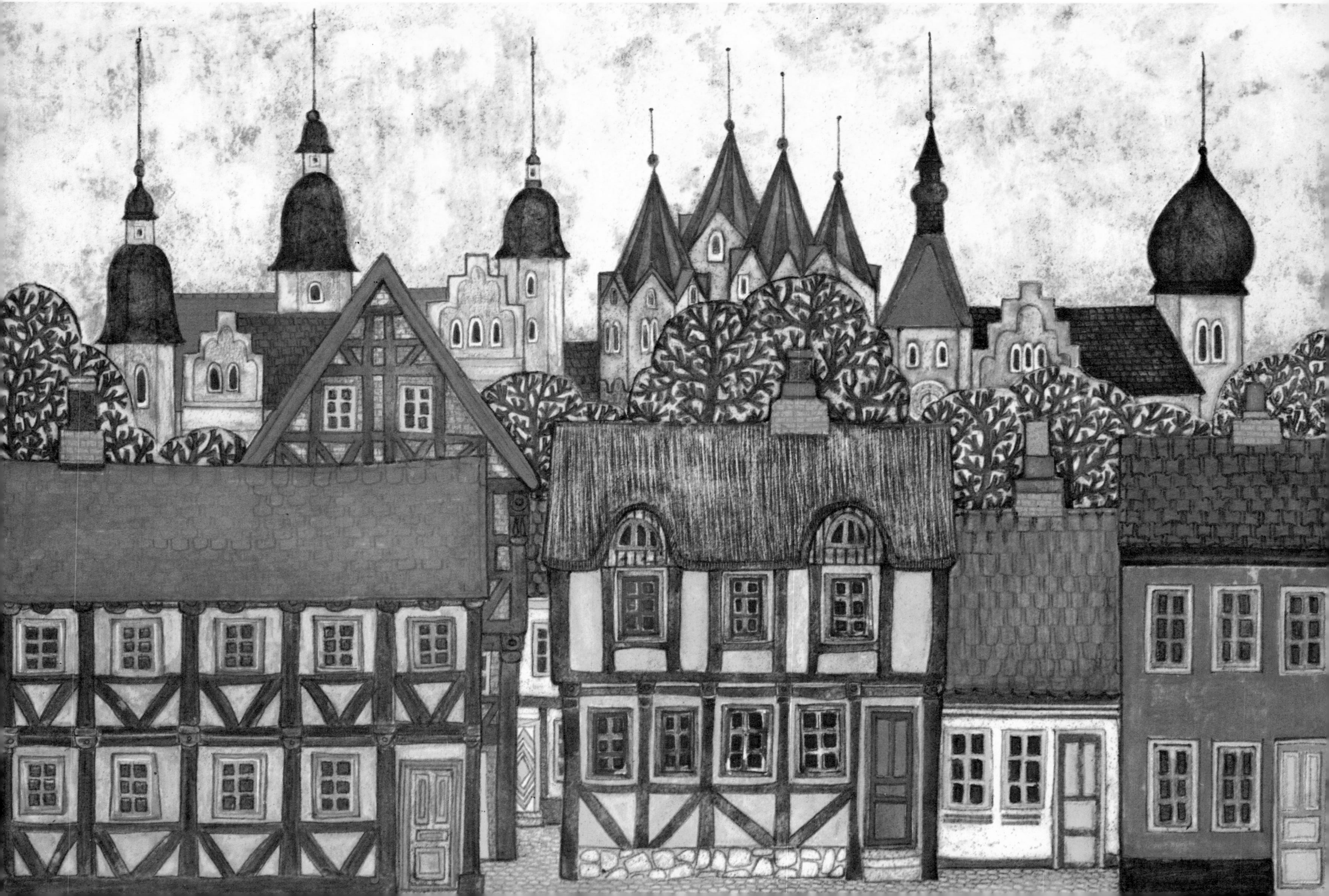

Jadis les mois, à queue leu leu,
Traversaient le ciel noir ou bleu.
Les choses étaient éternelles.
Qu'en pensent les deux tourterelles?

L'ange de Noël

En Allemagne, Noël commence avec l'Avent, le premier dimanche qui suit le 26 novembre. Déjà, aux vitrines des fleuristes, sont apparues les couronnes de feuillages qui, piquées de quatre bougies rouges, vont désormais orner les maisons. Ce dimanche-là, on allume la première bougie; la deuxième et la troisième s'illumineront les dimanches suivants, et la quatrième s'enflammera le soir de Noël, nommé là-bas *Heiligabend*.

En cette dernière soirée, les enfants attendent impatiemment le messager du *Christkind*, (l'enfant Jésus). C'est lui qui apporte les cadeaux! On a pris soin d'entrouvrir une fenêtre et le messager, un ange aux ailes d'or, vêtu d'une robe blanche, entrera dans la pièce en agitant une clochette. Alertés par son tintement argentin, les enfants se précipitent... L'ange, déjà, s'est envolé. Mais que de mystérieux colis, près de la fenêtre ou de la cheminée!

Une coutume de Westphalie, en Allemagne de l'Est, exige que, le soir de Noël, on dispose près de l'arbre, une table couverte d'autant d'assiettes à soupe qu'il y a d'enfants dans la maison. L'ange viendra, pendant la nuit, les remplir de croustillantes friandises! Au passage, il trouvera sur l'appui de la fenêtre, les lettres des enfants. Inutile de dire qu'il exécutera de son mieux les « commandes »!

Mais l'ange ne voyage pas seul! Il se fait accompagner par un sinistre personnage nommé Hans Trapp qui, avec son bâton, corrigeait autrefois les enfants désobéissants. Vêtu de fourrure hirsute, il porte un masque au travers duquel filtre un regard démoniaque. Hans Trapp, la sorcière Berchte, le redoutable Ruprecht : de tous ces pères Fouettard, on ne sait lequel inspirait le plus de terreur. De nos jours, heureusement, tous trois sont réduits au rôle de figurants.

Savez-vous que l'Allemagne se flatte d'avoir inventé l'arbre de Noël? C'est en effet dans le théâtre primitif allemand qu'il apparut d'abord, voilà bien des années, sous l'aspect que nous connaissons. On illuminait de chandelles un sapin chargé de pommes dorées, dont l'éclat resplendissant évoquait le jardin de l'Eden. Plus tard, pour faire plaisir aux enfants, on accrocha aussi aux branches des bonshommes de pain d'épice et des anges de confiserie. Au sommet de l'arbre, plane une fée ou un ange blond, qui ressemble sans doute au messager du *Christkind*.

Le jeudi soir qui précède Noël, on assiste au grand branlebas de la *Klöpfelnacht*! Dans un joyeux charivari, des personnages affublés de masques terrifiants vont de maison en maison. Ils entrechoquent des boîtes de fer-blanc, agitent des clochettes de vaches, font claquer des fouets et frappent à toutes les portes. Quand l'une d'elles s'ouvre, ils tendent leur fourche, telle une énorme fourchette, et on la garnit de cadeaux savoureux. L'origine de cette coutume remonte sans doute à l'époque où l'on mimait la quête de Joseph et Marie, frappant de porte en porte pour demander un abri. Mais aujourd'hui, les plus turbulents des villageois trouvent surtout là une bonne excuse pour se déguiser et passer une joyeuse soirée.

Dans certaines villes, de grandes et magnifiques foires de Noël se tiennent près des cathédrales ou des églises. Des centaines d'étalages illuminés, parés de guirlandes de feuillages, offrent aux acheteurs des boules bleues, rouges et vertes, des cheveux d'ange, fils d'or ou d'argent, des chandelles et des bataillons de jouets. Une délicieuse odeur d'amandes caramélisées vous chatouille le nez. Et plus loin, voici, régals des gourmands, les massepains décorés de personnages, les pâtisseries fourrées aux noisettes, les cœurs et les petits cochons de pain d'épice!

En Suisse, l'ange parcourt les rues enneigées sur son traîneau tiré par de petits cerfs.

En Autriche, le soir de Noël, le fermier asperge d'eau bénite la ferme, ses dépendances, et chacune des bêtes. Puis, toquant le tronc des arbres fruitiers, il les somme de lui préparer pour l'année nouvelle une abondante récolte.

Ce même soir, dans la province du Tyrol, le père de famille parcourt toute la maison. Pour en éloigner les esprits maléfiques, il fait brûler de l'encens dans une cassolette et, à la craie, il marque sur les linteaux des portes les initiales des trois Rois Mages.

Vous trouverez, sur les pages suivantes, l'ange de Noël avec sa clochette, de petits personnages des provinces d'Allemagne, et le décor d'une ville allemande.
Souvenez-vous de décalquer avec précision, de plier suivant les pointillés, et de couper le long des traits pleins. Suivez attentivement les explications et comparez avec les diverses photographies.
Faites glisser les pièces enduites de colle jusqu'à ce qu'elles trouvent leur emplacement définitif. Coupez et pliez avec beaucoup de soin.
Un peu de patience, un peu d'attention, et vous êtes sûr de la réussite!

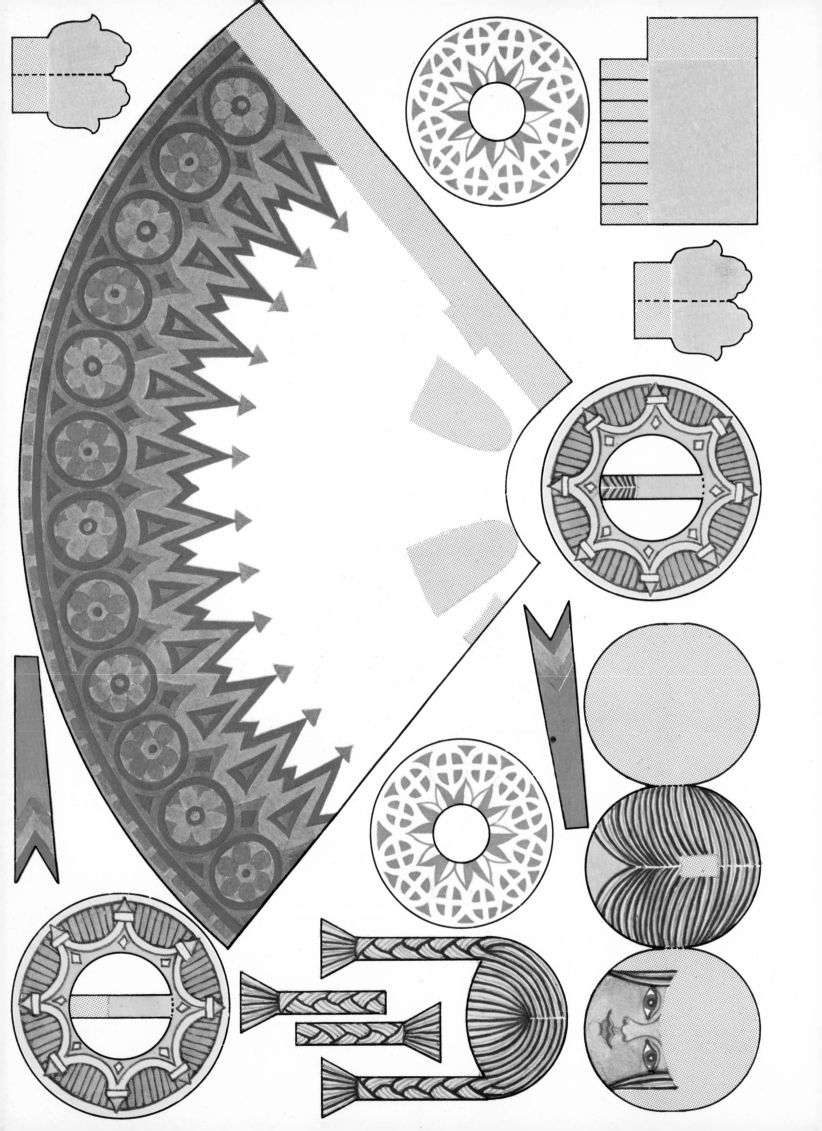

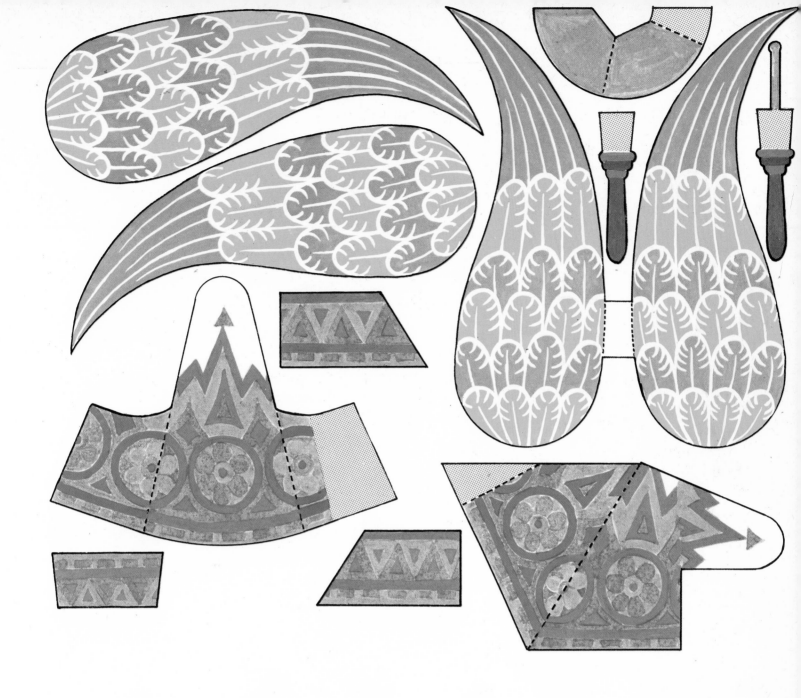

L'ange de Noël

Décalquez, reportez vos calques sur un carton léger ou un papier fort, coloriez, découpez vos pièces et comparez-les avec la photographie qui se trouve au verso de cette page. Reportez-vous ensuite aux illustrations numérotées, en tête de l'ouvrage (pages 7, 8 et 9). Vous aurez ainsi tous les éléments nécessaires à la réalisation de vos figurines.

Exécutez les opérations dans l'ordre suivant :

corps : photographie **1** (page 7)
cou : photographie **2**
collez les rubans roses sur le devant de l'encolure
manche A : photographies **3, 4** et **5**
manche B : photographies **6** et **7**
tête : photographie **14**
cheveux et auréole : photographie **18**
ailes et clochette : photographie **25**
assemblez les deux faces de la collerette, et faites-la glisser sur le cou
placez la tête sur le cou : photographie **29**
collez la clochette dans la main droite.

Allemagne

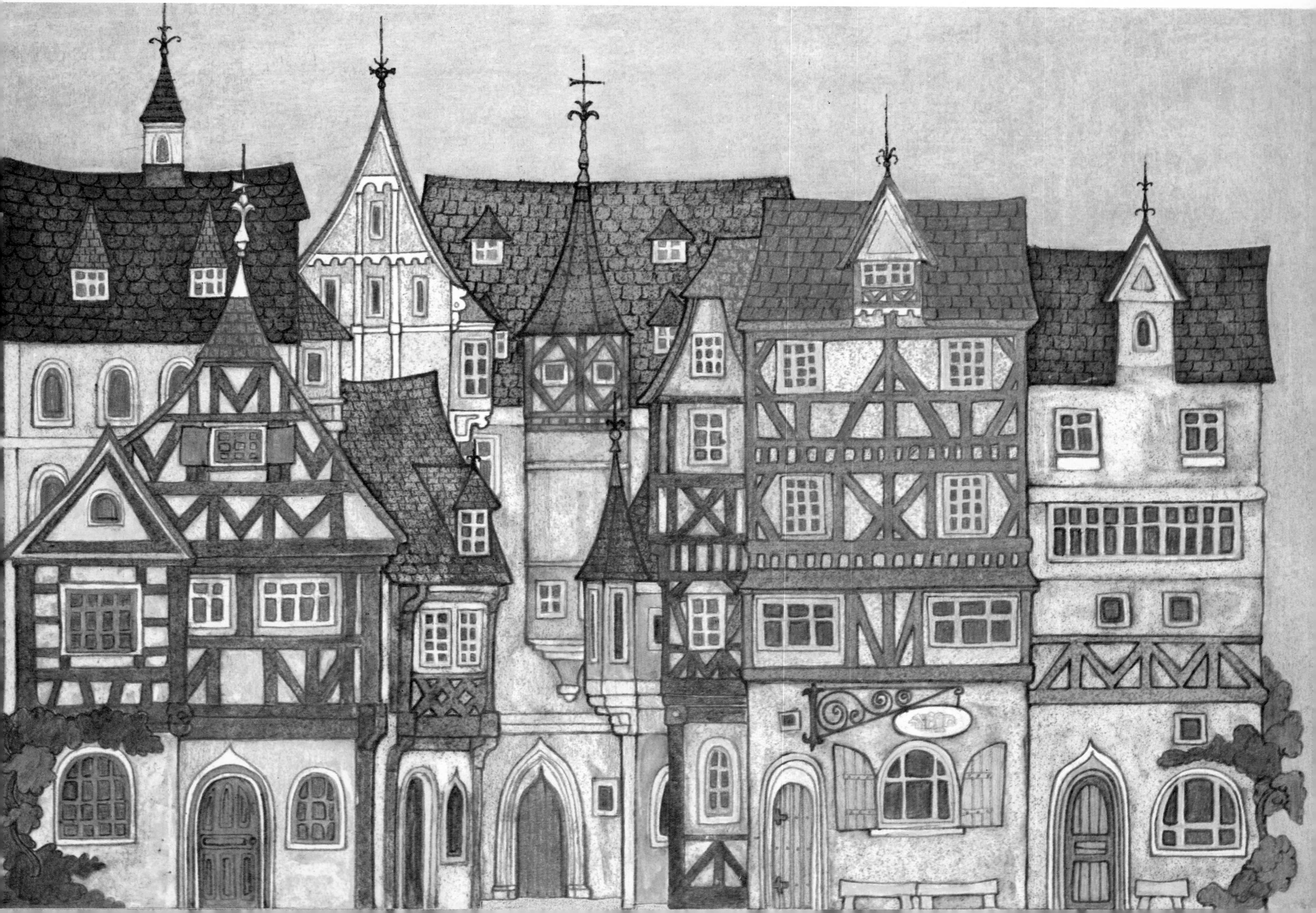

Mars 1 2 3 4 5 6 7 8 9 10 11 12 13 14 15 16 17 18 19 20 21 22 23 24 25 26 27 28 29 30 31

Ah! ces poules pleines d'orgueil
Dont on ne voit jamais qu'un œil!
Les poules couvent sur la paille.
Avril est là. Que mars s'en aille!

Les bergers des Baux

Sur les toits de France, le Père Noël vit, la nuit du 24 décembre, des heures bien fatigantes pour un vieux monsieur. Pas un instant de repos avant d'avoir rempli tous les souliers rangés près des fenêtres et des cheminées. Aussi laisse-t-il avec soulagement saint Nicolas visiter les maisons du Nord de la France, tandis que le *Christkind* distribue des cadeaux parmi les enfants d'Alsace.

En Provence, où l'on fête Noël avec beaucoup d'entrain et de gaieté, revivent ce jour-là de très belles traditions. Ainsi, les Provençaux ornent leur cheminée d'une énorme bûche qui doit brûler du soir de Noël jusqu'au 1er janvier. Jadis, on utilisait comme cheville pour la charrue un morceau de bois resté intact dans le foyer; on espérait que, grâce à lui, la prochaine récolte serait bonne.

Et les crèches de Provence, si réputées! Pour les tapisser, les enfants vont en bandes joyeuses chercher dans la campagne le houx, la mousse, les pierres... Et on y installe les fameux santons. Ces petites figures d'argile, aux couleurs éclatantes, représentent la Sainte Famille, le bœuf et l'âne, et tous les personnages de la Nativité. Plus loin, voici le garde-champêtre, le ramoneur, la gardeuse de poules, le berger, le tambourinaire, la poissonnière... Une foire aux santons se déroule chaque année à Marseille, pendant le mois de décembre. Quelle bonne occasion pour choisir de nouveaux petits moutons, ou un rémouleur, ou un joueur de vielle!

Toujours en Provence, Noël arrache le village des Baux à son sommeil hivernal. Ce village, perché au sommet d'un éperon rocheux, était autrefois une ville fortifiée dont les princes prétendaient, fait étrange, descendre de Balthazar, l'un des Rois Mages. Et, sur leurs armoiries, on reconnaissait l'étoile de Bethléem, à six branches.

L'été, les touristes envahissent les Baux, visitant le château, les vieilles maisons seigneuriales, les remparts taillés à même le roc. Puis le village, quasi désert, retombe dans sa torpeur jusqu'au 24 décembre, où il renaît comme par enchantement! Pour les Provençaux, il n'est pas de plus belle messe de Noël que celle qui se donne aux Baux, dans la petite église Saint-Vincent.

Frappant leur haut tambour étroit, et jouant d'une petite flûte, trois tambourinaires conduisent les fidèles. Un chœur de jeunes Arlésiennes au costume chatoyant entonne des noëls anciens. A minuit, le prêtre place dans la crèche, un enfant Jésus de cire, sous le regard attentif de Marie, de Joseph et des anges. Ces rôles sont tenus par douze habitants des environs. Et voici qu'entre une étrange procession! Enveloppé d'une large cape, un berger conduit le plus beau bélier du village, tout au long de la nef, jusqu'à l'autel.

Le bélier, une grosse cloche pendue au cou, tire une petite carriole de bois d'olivier, surmontée d'arceaux garnis de bougies, décorée de rubans rouges et de feuillages, et suivie de bergers et de bergères en costume provençal. Dans la carriole, il y a un agneau nouveau-né.

Tenant un cierge, le premier berger prend l'agneau sous son bras et va, gravement, ambrasser le pied de l'enfant. Il tend ensuite l'agneau à sa bergère, qui répète fidèlement ses gestes. Tous les bergers et les bergères de la procession offriront ainsi l'agneau à l'enfant Jésus.

Dans la France entière, tandis que les cloches sonnent à toute volée, nombre de familles se rendent, le soir de Noël à la messe de minuit. La neige chante sous les pas, les enfants ont le nez rouge de froid. Qu'il fait bon, ensuite, rentrer à la maison, présenter ses doigts engourdis aux flammes de la cheminée, et puis réveillonner ! En Alsace, on dégustera de l'oie rôtie, tandis que les Bretons se régaleront de galettes de sarrasin à la crème aigre, et que la dinde aux marrons trônera sur les tables de Bourgogne. A Paris, on préférera les huîtres, le foie gras et le boudin blanc ou noir, garni de pommes dorées. Mais à Brest comme à Marseille, pas de réveillon sans la traditionnelle bûche de Noël, moelleuse sous son écorce de café ou de chocolat glacé !

Rendez-vous est pris déjà pour le 6 janvier, où l'on fête joyeusement l'Epiphanie ! Des cris enthousiastes accueillent, au dessert, la galette des Rois. Qui trouvera la fève ou la figurine de porcelaine ? Est-ce toi, est-ce moi ? Si je suis roi, je mettrai une belle couronne dorée, et je choisirai ma reine d'un soir. Si Noël, en France, reste une fête familiale, le réveillon de la Saint-Sylvestre, le 31 décembre, rassemble plutôt des copains qui dansent, s'amusent et rient. Et à minuit, on s'embrasse sous le gui en murmurant, à l'oreille de ses plus chers amis, des souhaits fervents pour la nouvelle année.

Dans les pages suivantes, vous trouverez un berger des Baux avec sa houlette, des silhouettes provençales et, plus loin, un prestigieux décor : l'antique château des Baux.
Souvenez-vous de décalquer avec précision, de plier suivant les pointillés, et de couper le long des traits pleins. Suivez attentivement les explications et comparez avec les diverses photographies.
Faites glisser les pièces enduites de colle jusqu'à ce qu'elles trouvent leur emplacement définitif. Coupez et pliez avec beaucoup de soin.
Un peu de patience, un peu d'attention, et vous êtes sûr de la réussite !

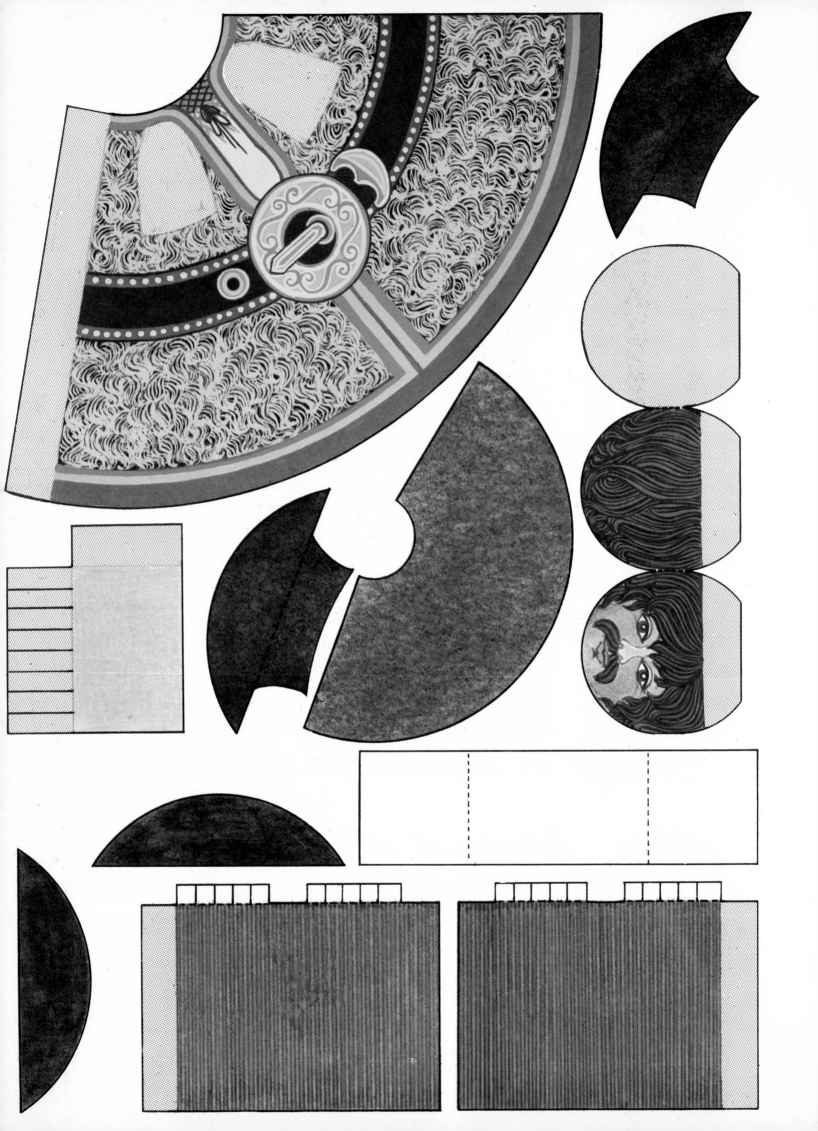

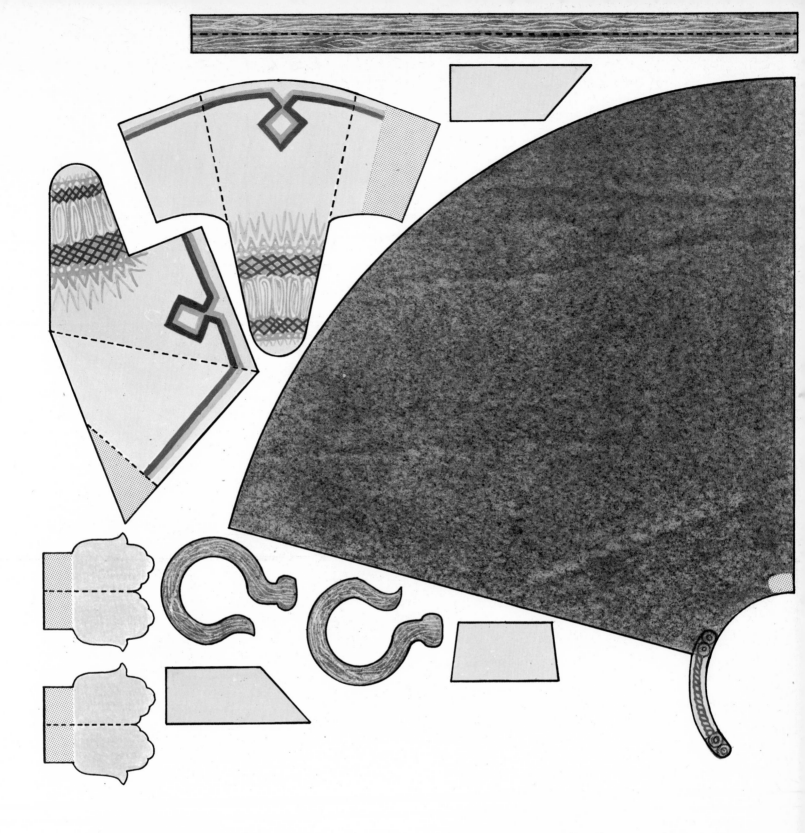

Le berger des Baux

Décalquez, reportez vos calques sur un carton léger ou un papier fort, coloriez, découpez vos pièces et comparez-les avec la photographie qui se trouve au verso de cette page. Reportez-vous ensuite aux photographies numérotées, en tête de l'ouvrage (pages 7, 8 et 9). Vous aurez tous les éléments nécessaires à la réalisation de vos figurines.

Exécutez les opérations dans l'ordre suivant :

corps : photographie **1** (page 7)
cou : photographie **2**
manche A : photographies **3, 4** et **5**
manche B : photographies **6** et **7**
jambes : photographies **11** et **12**
cape : photographie **13**
collez le col de la cape à son emplacement
tête : photographie **14**
chapeau : photographie **16**
placez la tête sur le cou : photographie **29**
houlette : photographie **26**
collez la houlette dans la main droite.

Des merles picorent du grain.
La vie en mai ira bon train.
Un oiseau invisible trille
Sous une invisible charmille.

La Befana

Les enfants italiens attendent impatiemment le 6 janvier, jour de l'Epiphanie et, surtout, de la visite de la Befana ! Vieille fée qui se cache sous les traits disgracieux d'une sorcière, elle doit peut-être son nom à la maladresse d'un *bambino* qui déforma le mot *Epifania*. La Befana apparaît, dit-on, entre le 1er et le 6 janvier, provoquant des événements étranges au cours de la dernière nuit : des arbres chargés de fruits surgiraient de terre, tandis que l'eau des fontaines et des rivières se changerait en or !

Une autre légende raconte que les Rois Mages se présentèrent chez la Befana un jour où elle nettoyait sa maison. Très occupée, la Befana ne trouva pas le temps de leur offrir l'hospitalité ! Ils continuèrent donc leur route vers Bethléem, et elle se tranquillisa en pensant qu'elle les recevrait à leur retour. Les Rois Mages, cependant, regagnèrent leur pays par un autre chemin, et elle ne les vit jamais plus. Pour son châtiment, la vieille fée est désormais condamnée à rechercher l'enfant Jésus. Et elle laisse un cadeau dans chaque maison car, sait-on jamais ? — il pourrait avoir choisi l'une d'elles pour abri.

Une autre légende encore, légèrement différente : des bergers avertirent la Befana de la naissance du Christ et lui montrèrent l'étoile de Bethléem, qui la guiderait. Pauvre Befana ! Tardant à quitter sa maison, elle perdit de vue l'étoile ! Et, depuis, elle erre, à la recherche de la Sainte Famille.

Toujours est-il que la Befana, chevauchant son manche à balai, vole de maison en maison et se glisse dans toutes les cheminées, pour garnir les chaussettes et les souliers déposés à son intention. Mais aux enfants, garçons ou filles, qui n'ont pas mérité de cadeaux, elle ne laisse que du charbon !

Une chanson appelée la *Befanata* court de rue en rue, au son des violons et des cornemuses, le soir du 5 janvier. L'un des musiciens, avec une longue jupe et un châle, s'est déguisé en Befana. Et les habitants, heureux d'entendre cette sérénade, se montrent souvent très généreux.

En de nombreuses régions d'Italie, on expose aux fenêtres un portrait de la fée au nez crochu. Peut-être verrez-vous aussi son effigie menée sur un chariot, par les rues du village, vers la place où, en grande pompe, elle sera brûlée !

Des sonneries de trompettes, des feux de joie et des processions annoncent, à Florence, la venue de la Befana. A Rome, la Piazza Navona, où se tient chaque année le célèbre marché de l'Epiphanie, disparaît sous les milliers de jouets, et les guirlandes illuminées.

Ce n'est pas la Befana, mais Santa Lucia, accompagnée de son âne, qui distribue des cadeaux aux enfants de Vérone et du Nord-Est de l'Italie ! Dès le 13 décembre ! Et trois jours à l'avance, dans les principales villes de Vénétie, on dresse des tréteaux débordant de trésors pailletés et de merveilles multicolores.

Pas de soir de Noël sans *cenone*, repas de gala où le poisson est roi! Accompagnés de grands vins italiens, la matelote d'anguilles, les merveilleux raviolis au potiron, ou les célèbres spaghetti, séduisent les plus fins gourmets. Au déjeuner du lendemain, la *mamma* posera sur la table la bonne soupe aux *tortellini*, toute fumante, puis l'on se régalera de pot-au-feu, de poulet ou de rôti, avant de déguster la *mostarda*, délicieuse spécialité de fruits confits fortement aromatisés. En Lombardie, s'ajoutent à tout cela les *panettoni*, des brioches au goût d'épice et de groseille.

Les crèches de Noël, ou *presepi*, sont de véritables chefs-d'œuvre. Admirez-les, dans ces églises italiennes, qui rivalisent de beauté, de grandeur et de perfection! Voyez avec quelle recherche sont confectionnés les vêtements des nombreux personnages! Et ne manquez pas de regarder aussi, dans les maisons, les figurines d'argile, certes plus modestes, qui entourent la litière de paille où l'âne et le bœuf réchauffent de leur souffle l'enfant Jésus.

Dans les pages suivantes, vous trouverez la Befana, vieille fée disgracieuse, et son inséparable balai. Plus loin, de petits personnages en costumes provinciaux d'Italie, ainsi que le décor d'une ville italienne. Souvenez-vous de décalquer avec précision, de plier suivant les pointillés, et de couper le long des traits pleins. Suivez attentivement les explications et comparez avec les diverses photographies.
Faites glisser les pièces enduites de colle jusqu'à ce qu'elles trouvent leur emplacement définitif. Coupez et pliez avec beaucoup de soin.
Un peu de patience, un peu d'attention, et vous êtes sûr de la réussite!

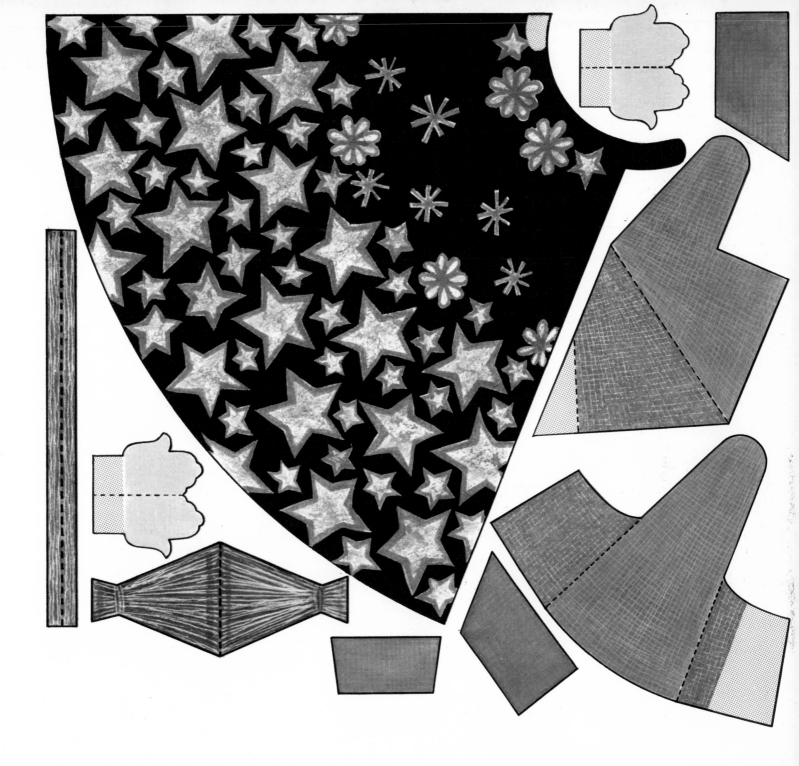

La Befana

Décalquez, reportez vos calques sur un carton léger ou un papier fort, coloriez, découpez vos pièces et comparez-les avec la photographie qui se trouve au verso de cette page. Reportez-vous ensuite aux photographies numérotées, en tête de l'ouvrage (pages 7 8 et 9). Vous aurez ainsi tous les éléments nécessaires à la réalisation de vos figurines.

Exécutez les opérations dans l'ordre suivant :

corps : photographie **1** (page 7)
cou : photographie **2**
collez le tablier sur le devant de la jupe
manche A : photographies **3, 4** et **5**
manche B : photographies **6** et **7**
cape : photographie **13**
tête : photographie **14**
chapeau : photographie : **16**
pliez le nez au milieu, suivant le pointillé, et fixez-le sur le visage par quelques points de colle.
assemblez les deux faces de la collerette.
envers contre envers, et faites-la glisser sur le cou
placez la tête sur le cou : photographie **29**
balai : photographie **26**
collez le balai dans la main droite.

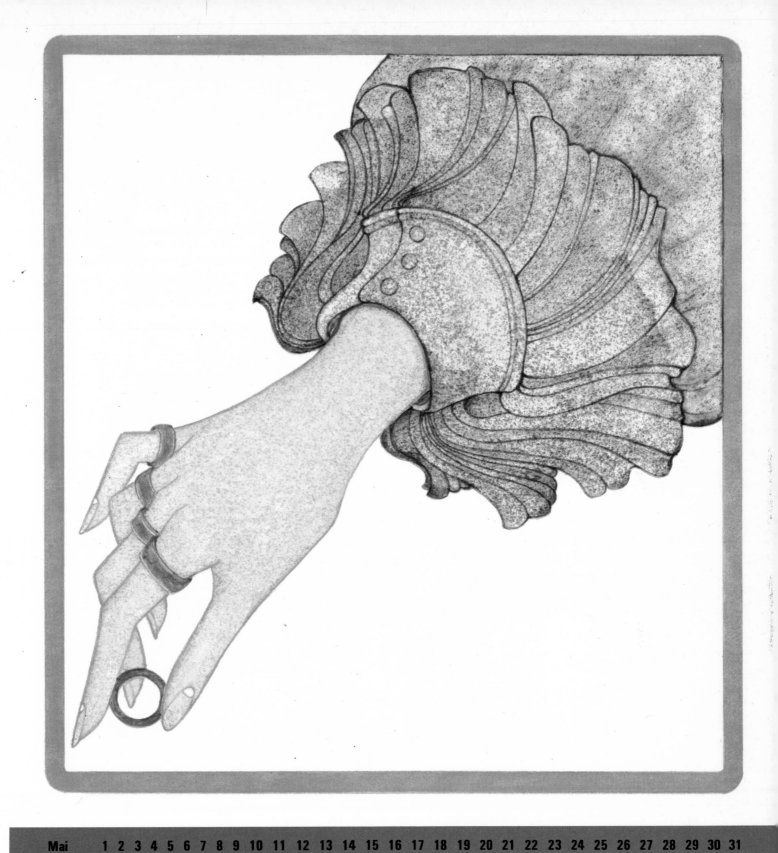

Pourquoi donc ces cinq anneaux d'or?
Et qu'advient-il quand on est mort?
En juin la vie est une dame
Qui donne et jamais ne réclame.

Saint Nicolas

Des semaines à l'avance, les yeux des enfants de Hollande brillent d'excitation lorsqu'ils parlent du 5 décembre, veille de la *Sinter Klaas*. C'est le nom hollandais de saint Nicolas. Avant de remplir en Hollande les fonctions de Père Noël, saint Nicolas fut évêque de Myre, en Asie Mineure, au IVe siècle. Franchissant la Méditerranée, l'écho de ses bienfaits atteignit les Pays-Bas, et il devint le patron d'Amsterdam. La Saint-Nicolas se fête le 6 décembre.

Dites très vite Sinter Klaas, et vous prononcerez vraisemblablement le nom américain de Sinter Klaas : Santa Claus. Car les pionniers hollandais qui vinrent chercher fortune dans le nouveau monde, y introduisirent le culte de leur saint patron. Celui-ci, à peine débarqué, se modernisa, et acquit notamment un fringant attelage de rennes. En Hollande, au contraire, il est resté le bon vieil évêque à barbe blanche qui, revêtu de sa chape écarlate, coiffé de sa mitre, chevauche en tenant une crosse d'or dans sa main gantée de blanc.

Dès leur plus jeune âge, les enfants hollandais apprennent que Sinter Klaas passe la plus grande partie de l'année en Espagne. Là-bas, dans un grand livre rouge à la tranche dorée, il note les faits et gestes de tous les enfants. Pendant ce temps, son serviteur maure Zwarte Piet, ou Pierre le Noir, fait une ample provision de cadeaux.

A la mi-novembre, Sinter Klaas, monté sur un beau cheval blanc, et Piet, portant sur l'épaule son sac bourré de jouets, s'embarquent sur un bateau qui cingle vers la Hollande.

Dans le port d'Amsterdam, le maire et les habitants les attendent impatiemment, pour les accueillir au son des fanfares. Une explosion de joie salue leur arrivée! De rue en rue, un bruyant cortège les accompagne, et chacun se dit avec bonheur : « La fête a commencé ! »

La nuit venue, le bon vieil évêque et son serviteur cavalcadent sur les toits des maisons. Tous les enfants ont pensé à préparer, dans leurs sabots ou leurs souliers, un peu de foin et des carottes pour le beau cheval blanc! Sinter Klaas penche une oreille attentive sur les cheminées : il veut être sûr de ne pas se tromper d'adresse! Chez les enfants sages, en effet, Piet échange le foin et les carottes contre des cadeaux. Mais les vilains enfants craignent son bâton; et son sac serait assez vaste, paraît-il, pour emporter ceux qui auraient vraiment fait trop de bêtises !

Piet sonne parfois aux portes. Lorsqu'elles s'entrouvrent, sa main noire jette une pluie de cadeaux, à moins qu'il ne laisse sur le perron un plein panier de surprises.

Dans les familles hollandaises, on s'amuse, bien avant le 5 décembre, à confectionner pour les cadeaux des emballages aussi trompeurs qu'ingénieux! Ainsi, des boucles d'oreille, copieusement emmitouflées de papier, se pavanent dans un carton à chapeau! Et pour découvrir les mystérieux paquets, cachés dans des endroits étranges, il faudra entreprendre une véritable chasse au trésor.

Lorsque, enfin, le destinataire a trouvé son paquet, il doit lire à haute voix le poème taquin qui accompagne le cadeau. Peu importe l'expéditeur : il signe toujours *Sinter Klaas* !

Ne croyez pas qu'il s'agisse là d'un amusement réservé aux enfants ! On voit parfois de dignes politiciens du Parlement provoquer des éclats de rire en lisant les poèmes qui leur sont parvenus.

Bien entendu, le 5 décembre est aussi un jour de festin. Dès le matin, une délicieuse odeur de caramel, de vanille ou de cannelle envahit la maison : après le dîner, on se rassemble, traditionnellement, autour d'une table chargée de gâteaux et de confiseries. Les mamans hollandaises confectionnent des bonshommes de *speculaas*, pâtisserie brune qui ressemble au pain d'épice, et de grandes lettres de chocolat; chacun s'installera à la place marquée par son initiale.

Ce jour-là, chacun se rend, comme d'habitude, à son travail; la Saint-Nicolas n'est pas une fête nationale. C'est seulement après le départ de Sinter Klaas que les écoles fermeront pour deux ou trois semaines, tandis que les parents chômeront le 25 et le 26 décembre.

Alors que les jeux et les cadeaux taquins appartiennent au rituel de la Sinter Klaas, les jours de Noël s'écoulent dans une atmosphère tendre et paisible. Sonnez, cloches de Noël ! Carillonnez à tout vent ! Que vos notes joyeuses s'égrènent sur les villes et les villages étincelants de lumières !

Dans les maisons, s'illuminent les sapins. Et l'on dîne aux chandelles. Sur les tables colorées de vert, de rouge et de blanc, apparaissaient naguère du lièvre, des pièces de gibier ou de l'oie, détrônés à présent par la dinde. Au dessert, on accueille le pudding par de grands cris de joie.

Bien d'autres vieilles coutumes se sont maintenues. C'est ainsi que chaque soir de l'Avent, par toute la Hollande, les fermiers soufflent dans de longues cornes recourbées. Et comme ils se penchent au-dessus de leurs puits, le son amplifié se répercute de ferme en ferme, dans le silence bleuté du crépuscule.

Dans les pages suivantes, vous trouverez saint Nicolas, de petits personnages hollandais, et le décor d'une ville de Hollande.

Souvenez-vous de décalquer avec précision, de plier suivant les pointillés, et de couper le long des traits pleins. Suivez attentivement les explications et comparez avec les diverses photographies.

Faites glisser les pièces enduites de colle jusqu'à ce qu'elles trouvent leur emplacement définitif. Coupez et pliez avec beaucoup de soin.

Un peu de patience, un peu d'attention, et vous êtes sûr de la réussite !

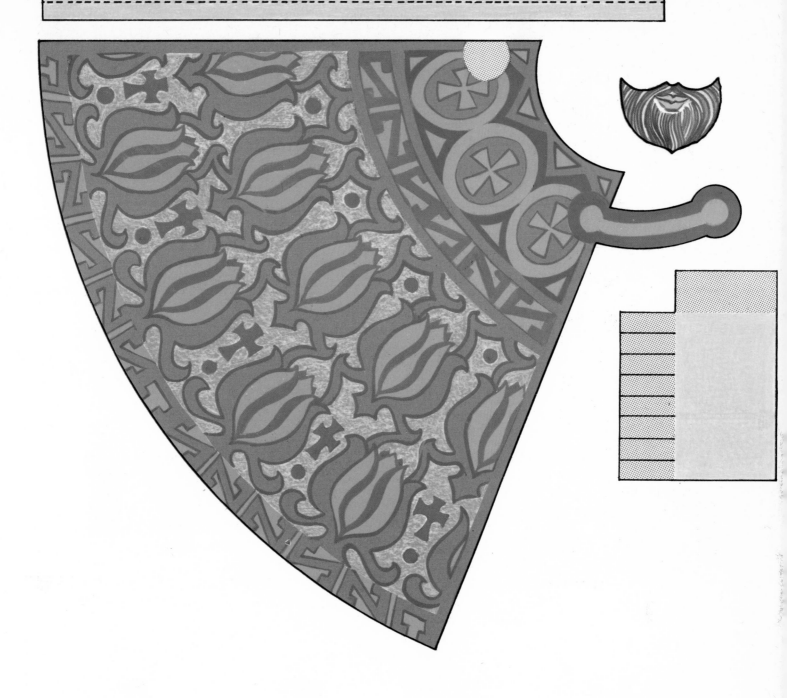

Saint Nicolas

Décalquez, reportez vos calques sur un carton léger ou un papier fort, coloriez, découpez vos pièces et comparez-les avec la photographie qui se trouve au verso de cette page. Reportez-vous ensuite aux photographies numérotées, en tête de l'ouvrage (pages 7, 8 et 9). Vous aurez ainsi tous les éléments nécessaires à la réalisation de vos figurines.

Exécutez les opérations dans l'ordre suivant :

corps : photographie **1** (page 7)
cou : photographie **2**
manche A : photographies **3, 4** et **5**
manche B : photographies **6** et **7**
cape : photographie **13**
tête : photographie **14**
collez la barbe au visage
mitre : photographie **19**
placez la tête sur le cou : photographie **29**
crosse : photographie **26**
collez la crosse dans la main droite.

Juin   1 2 3 4 5 6 7 8 9 10 11 12 13 14 15 16 17 18 19 20 21 22 23 24 25 26 27 28 29 30

Les oies aussi ont bien pondu.
J'imagine un oison dodu.
J'imagine que les vacances
Sur les grandes routes s'avancent.

Père Noël par-ci, Santa Claus par-là

Vêtu de rouge, chaussé de bottes noires, le Père Noël parcourt avec bonne humeur, la même nuit, divers pays du monde. En France, et en Angleterre où il prend le nom de *Father Christmas*, il porte un long manteau à capuchon. Sous le nom de Santa Claus, il le troque, en Amérique, contre un costume à la veste bordée de fourrure et un bonnet pointu, terminé par un pompon semblable à une boule de neige. Mais, caracolant sur les toits anglais comme sur les toits américains, il distribue de bon cœur les cadeaux amoncelés sur son traîneau, que tire un attelage de huit rennes.

Ses moyens de transport varient d'un pays à l'autre, selon le climat. Imaginez-vous que des Australiens l'ont vu apparaître sur une planche de surf, glissant à la crête des vagues ! C'est qu'à cette époque de l'année l'été règne en Australie, et le pauvre Santa Claus étouffait, sans doute, sous sa barbe et ses vêtements d'hiver ! A Londres, il se déplace parfois en hélicoptère. Mais, dans certaines régions de Scandinavie, il préfère un traîneau tiré par des chèvres sauvages, à moins qu'il ne chevauche Slepnir, cheval à quatre paires de pattes.

Pour dévaler les cheminées, Santa Claus n'a pas son pareil ! Il va furtivement remplir les chaussettes — les plus longues possible ! — que les enfants ont suspendues au pied de leur lit. Il admire au passage les guirlandes de lumière, les lampions, les arbres éblouissants qui transforment les rues d'Amérique ou d'Angleterre. Et à Melbourne, en Australie, il écoute, avec un sourire heureux, les noëls chantés en chœur par les foules rassemblées.

Certains enfants « postent », dans la cheminée, des lettres destinées à Santa Claus. D'autres ont la chance de le rencontrer dans les grands magasins. Et ils lui passent leurs « commandes » de vive voix !

Que de réceptions et de réjouissances familiales accueillent *Christmas* dans les pays anglo-saxons ! Chacun se prête avec ferveur aux traditions séculaires, et prépare Noël longtemps à l'avance. Les uns et les autres, suivant de charmantes coutumes, prodiguent à leur famille et à leurs amis les témoignages d'affection. On s'offre des cadeaux amoureusement confectionnés ou choisis. Et, sur la cheminée de marbre ou de brique, paradent les nombreuses cartes de vœux qui sont autant de gages d'amitié.

Autrefois, pendant le règne des Tudor, le mets traditionnel, en Angleterre, était une hure de sanglier garnie de romarin et de baies rouges. Et aujourd'hui encore, au réfectoire de New College, à Eton, on apporte la hure servie sur un plat d'argent. Aux festins les plus somptueux des siècles passés, apparaissaient des cygnes et des paons magnifiques : après la cuisson, les cuisiniers les paraient artistiquement de leurs plumes, et enveloppaient leur bec d'une feuille d'or !

Le bœuf et l'oie figuraient également aux repas de ces temps fastueux; certains banquets, paraît-il, ne comportaient pas moins de trente plats ! On les arrosait de punch à base de vin, parfumé d'épices et de citron, ou d'*ale*, la bière anglaise, ou encore de cidre. Comparé à cette débauche de victuailles, le plus plantureux de nos repas de Noël passe pour un léger casse-croûte !

Croustillantes, dorées à point, les oies et les dindes font maintenant les frais des festivités. Elles sont suivies du dessert traditionnel. Qui n'a jamais entendu parler du fameux pudding anglais ? Pendant des semaines, la famille s'est affairée à sa préparation, et les enfants eux-mêmes en ont tourné la pâte. A la maîtresse de maison revient l'honneur de l'apporter à table ! Dans un respectueux silence, *Granny* l'arrose de rhum ou de cognac. On éteint les lampes, on craque une allumette... Autour du pudding couronné d'une branche de houx, dansent des flammes bleutées. Et leur clarté, qui se mêle aux scintillements de l'arbre illuminé, fait de Noël une merveilleuse fête de lumière.

Dans les pages suivantes, vous trouverez le Père Noël avec son traîneau chargé de cadeaux et tiré par un attelage de huit rennes. Plus loin, un décor de toits et de cheminées.
Souvenez-vous de décalquer avec précision, de plier suivant les pointillés, et de couper le long des traits pleins. Suivez attentivement les explications et comparez avec les diverses photographies.
Faites glisser les pièces enduites de colle jusqu'à ce qu'elles trouvent leur emplacement définitif. Coupez et pliez avec beaucoup de soin.
Un peu de patience, un peu d'attention, et vous êtes sûr de la réussite !

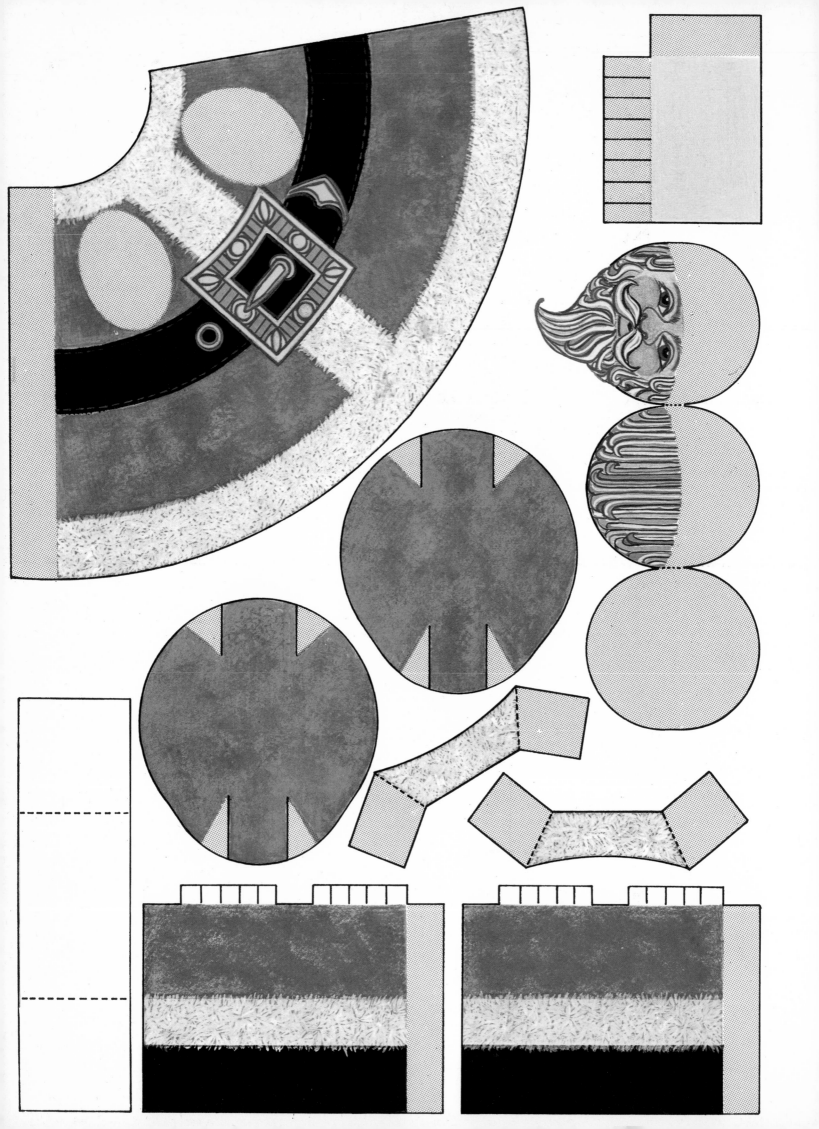

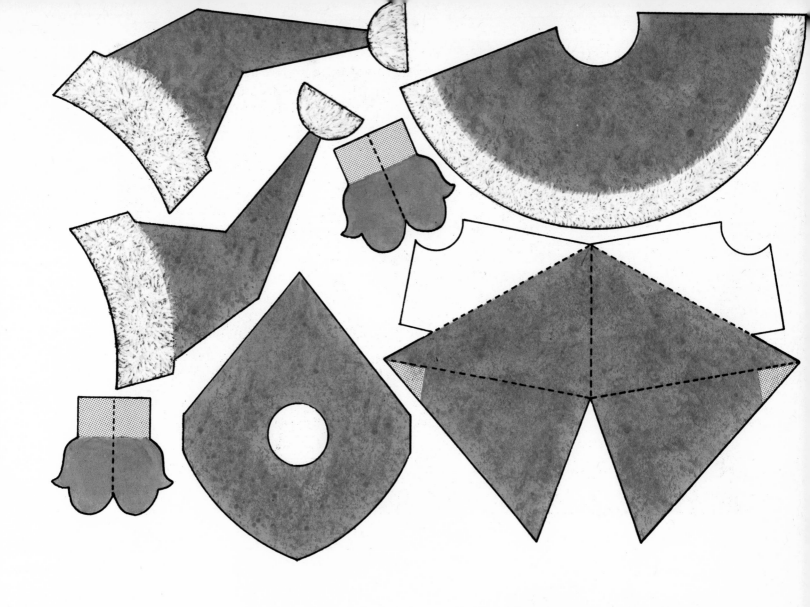

Père Noël

Décalquez, reportez vos calques sur un carton léger ou un papier fort, coloriez, découpez vos pièces et comparez-les avec la photographie qui se trouve au verso de cette page. Reportez-vous ensuite aux photographies numérotées, en tête de l'ouvrage (pages 7, 8 et 9). Vous aurez ainsi tous les éléments nécessaires à la réalisation de vos figurines.

Exécutez les opérations dans l'ordre suivant :

corps : photographie **1** (page 7)
cou : photographie **2**
manches C : photographies **8, 9** et **10**
jambes : **11** et **12**
collez le col autour du cou
capuchon : photographie **22**
tête : photographie **14**
bonnet : photographie **15**
placez la tête sur le cou : photographie **29**

Grande-Bretagne

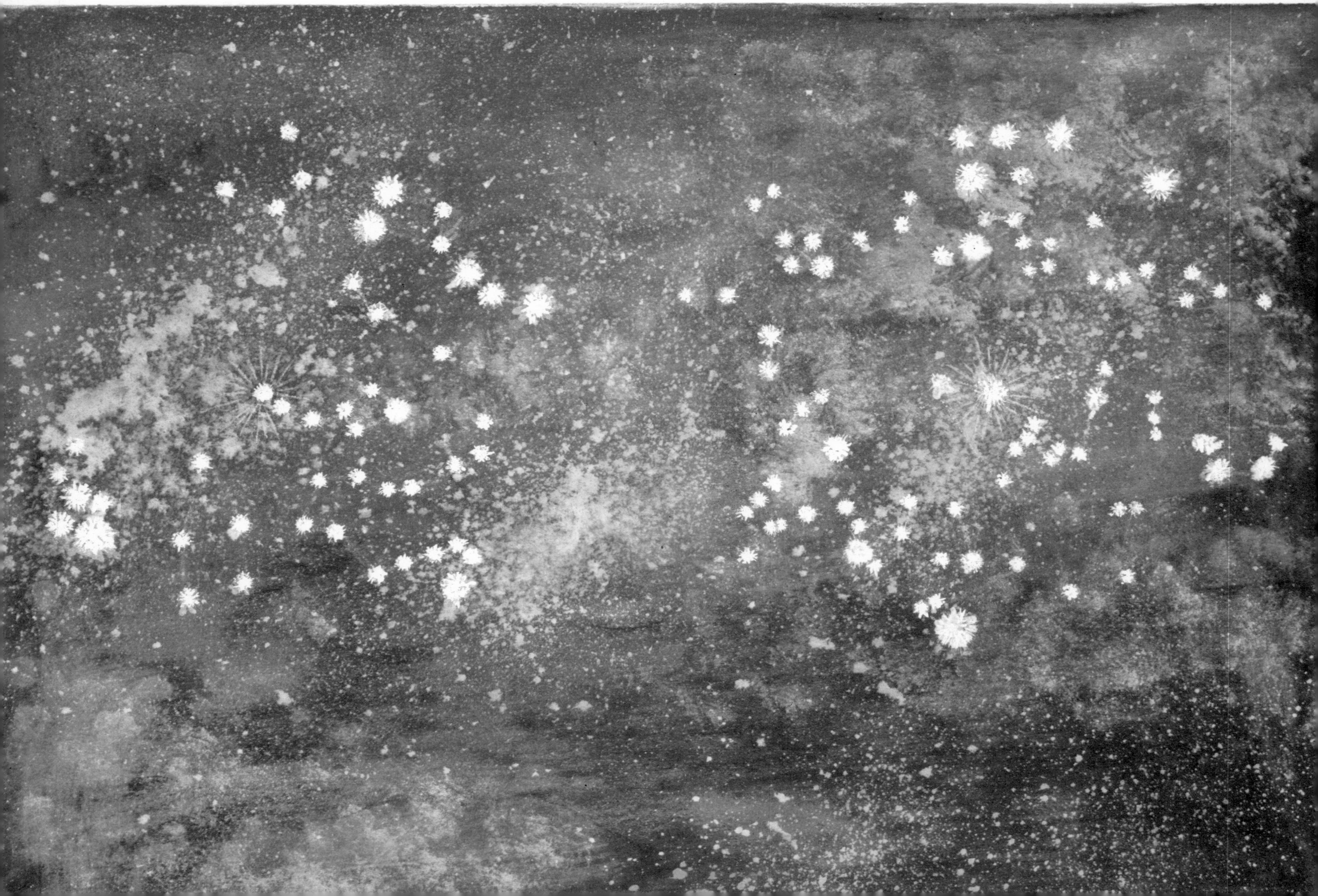

| Juillet | 1 | 2 | 3 | 4 | 5 | 6 | 7 | 8 | 9 | 10 | 11 | 12 | 13 | 14 | 15 | 16 | 17 | 18 | 19 | 20 | 21 | 22 | 23 | 24 | 25 | 26 | 27 | 28 | 29 | 30 | 31 |

Juillet, plus d'un cygne se penche
Sur la lenteur d'une ombre blanche.

Le roi Venceslas

Souverain de contes et de légendes, le roi Venceslas n'en fut pas moins un vrai roi. Il régna au Xe siècle, sur la Bohême, région de l'actuelle Tchécoslovaquie. Abandonnant le paganisme, il convertit son peuple à la religion chrétienne. On imagine les difficultés que rencontra ce jeune roi! Très ambitieuse, sa mère s'irrita de ses manières simples et de ses croyances. Et son frère Boleslas, poussé par les nobles furieux, décida de l'assassiner! Venceslas mourut sur les marches d'une église, en implorant pour son frère la miséricorde divine. Aussi la légende s'empara-t-elle de son histoire, et Venceslas devint le saint patron de la Tchécoslovaquie.

On prête à saint Venceslas de nombreux miracles. Voici l'un de ceux que l'on évoque le plus souvent : le 26 décembre, jour de la Saint-Etienne, il sortit, malgré le froid rigoureux, pour porter de la nourriture à un pauvre paysan. Un vent glacial soufflait. Soudain, l'air s'adoucit autour de Venceslas, et la neige se mit à fondre sous ses pas! Cela permit à son petit page de marcher facilement, sans trop souffrir du vilain temps.

La gloire du roi Venceslas atteignit les pays anglo-saxons, qui l'associèrent même à leur *Christmas*. C'est du moins ce que raconte un noël anglais dont le rythme entraînant contraste avec le calme religieux du Noël tchèque. Là-bas, en effet, la fête commence par un jour de jeûne. Mais, le soir venu, la famille se rassemble autour de la carpe farcie qui, dans sa sauce onctueuse, fera ses délices.

Pour les Polonais, l'apparition de la première étoile dans le ciel marque la fin du jeûne, et l'on se réunit autour de la grande table. Partout, sur le sol et jusque sous la nappe, on a répandu de la paille : comment ne pas penser à l'étable de Bethléem? Le père de famille prend une mince galette ornée d'une scène de la Nativité, et il en casse un morceau avant de la tendre à son voisin. La galette passe ainsi de main en main, autour de la table. Les absents ne sont pas oubliés! Expédiés en guise d'affectueuses «cartes de vœux», des morceaux de la galette leur parviendront par la poste. Et toujours, une chaise vide attend Marie et l'Enfant Jésus : ils aimeraient peut-être, eux aussi — sait-on jamais! — participer au délicieux repas.

Le dîner fini, on chante des noëls autour de l'arbre illuminé. Pas de cadeaux ce jour-là, car depuis le 6 décembre déjà, les enfants polonais lisent leurs nouveaux livres ou dorlotent leurs nouvelles poupées; il leur a suffi, pour les obtenir, de déposer sur l'appui de la fenêtre une lettre à l'intention des Rois Mages ou de Mère Etoile. Et maintenant, une grande réjouissance les attend! De maison en maison, ils iront porter la *szopka*, petit édifice surmonté de tours et de clochers, qui servira de décor aux scènes de la Nativité jouées par des marionnettes.

Le 31 décembre, les Polonais fêtent joyeusement la Saint-Sylvestre. Entre minuit et une heure du matin, les fantaisistes sont à leur affaire, car chacun fait ce qui lui chante!

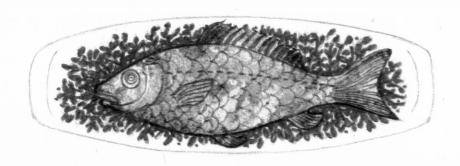

En Bulgarie et en Roumanie, c'est l'apparition de la première étoile qui donne le feu vert aux festivités de Noël. La veille, tous les écoliers ont reçu un sachet de bonbons enrobés de longues papillotes aux vives couleurs.

Ces mêmes papillotes, en Hongrie, fleurissent l'arbre de Noël. Au pied de l'arbre, les anges hongrois ont coutume de déposer les cadeaux déjà sortis de l'emballage. Ainsi, les enfants peuvent admirer leurs trésors au premier coup d'œil! Mais avant d'y toucher, ils devront embrasser leurs parents et, faisant cercle autour de l'arbre, chanter des cantiques.

Alors que le jour de Noël, en Hongrie, est célébré dans une atmosphère calme et familiale, on fête le lendemain par des réceptions et des réjouissances.

Notons encore cette jolie coutume de Yougoslavie : avant l'aube du 24 décembre, on taille des bûches de chêne dans la forêt, et on les ramène en procession, à la lueur des flambeaux. Décorées de fleurs, de feuilles et de rubans rouges, arrosées de vin et saupoudrées de grains de blé, les bûches font ensuite solennellement leur entrée dans la maison. Elles brûleront jusqu'au lendemain matin, jour de Noël.

Dans les pages suivantes, vous trouverez le roi Venceslas armé de sa lance et de son bouclier, quelques habitants de la Tchécoslovaquie, et un décor pittoresque : le vieux Prague.
Souvenez-vous de décalquer avec précision, de plier suivant les pointillés, et de couper le long des traits pleins. Suivez attentivement les explications et comparez avec les diverses photographies.
Faites glisser les pièces enduites de colle jusqu'à ce qu'elles trouvent leur emplacement définitif. Coupez et pliez avec beaucoup de soin.
Un peu de patience, un peu d'attention, et vous êtes sûr de la réussite !

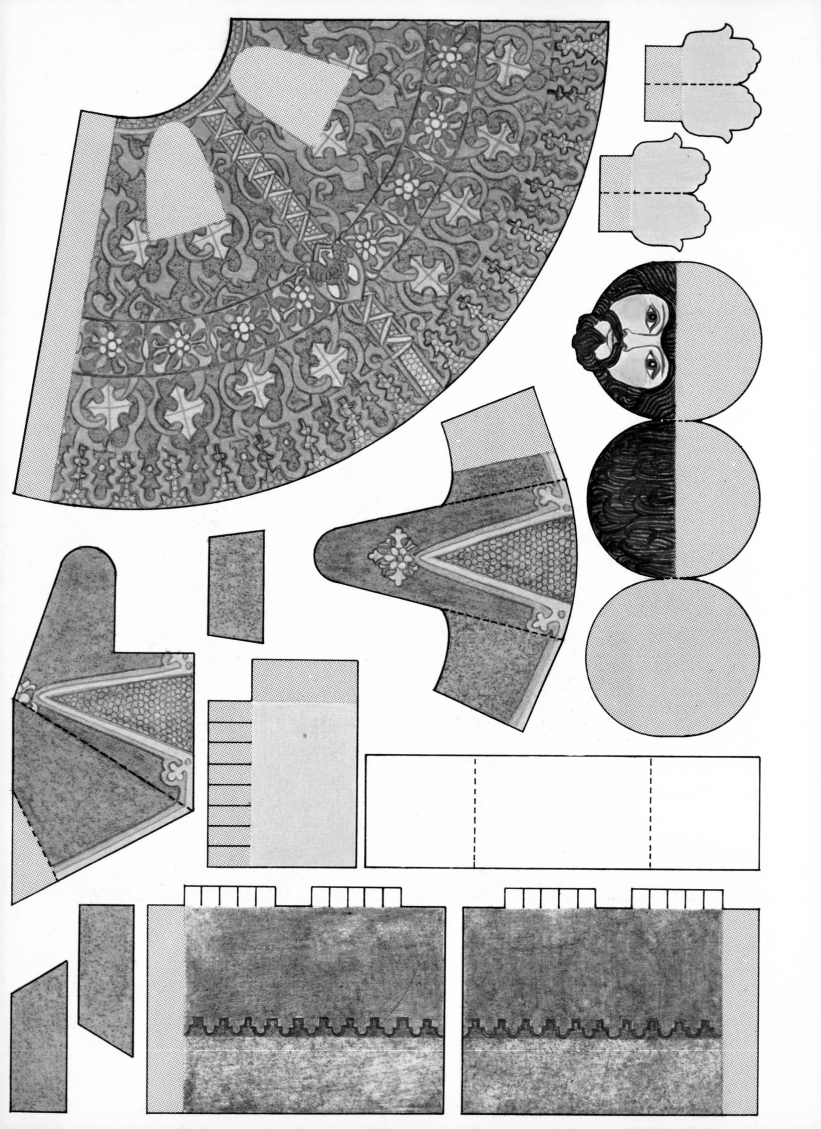

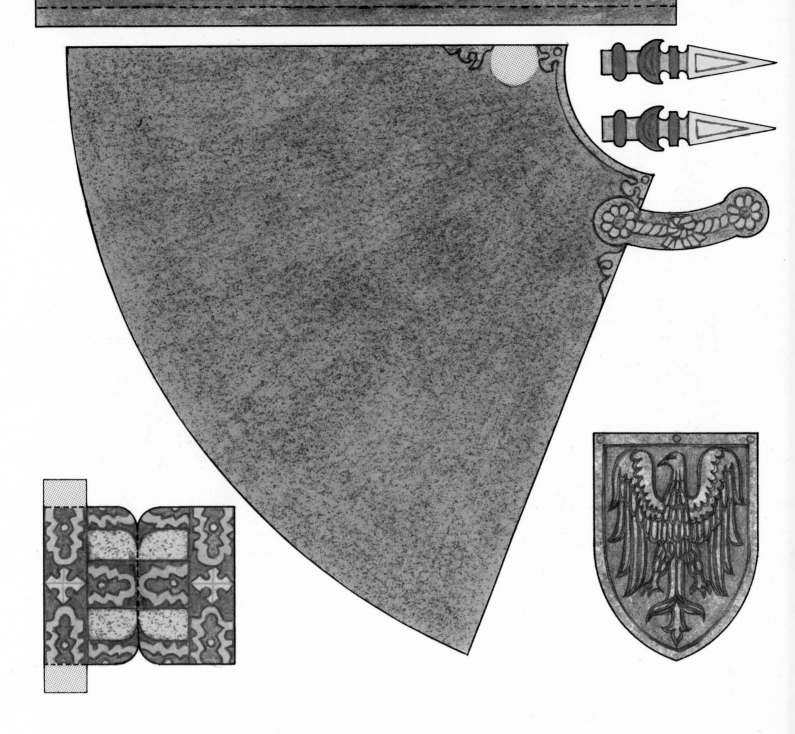

Le roi Venceslas

Décalquez, reportez vos calques sur un carton léger ou un papier fort, coloriez, découpez vos pièces et comparez-les avec la photographie qui se trouve au verso de cette page. Reportez-vous ensuite aux photographies numérotées, en tête de l'ouvrage (pages 7, 8 et 9). Vous aurez ainsi tous les éléments nécessaires à la réalisation de vos figurines.

Exécutez les opérations dans l'ordre suivant :

corps : photographie **1** (page 7)
cou : photographie **2**
manche A : photographies **3**, **4** et **5**
manche B : photographies **6** et **7**
jambes : photographies **11** et **12**
cape : photographie **13**
tête : photographie **14**
couronne : photographie **17**
placez la tête sur le cou : photographie **29**
lance : photographie **26**
collez la lance dans la main droite
et le bouclier sous la main gauche.

En août les vaches que l'on trait
Aiment qu'on fasse leur portrait.

Lucia

Santa Lucia est une sainte d'origine italienne ou, plus exactement, sicilienne. Son nom vient du mot latin *lux* qui signifie lumière, et le 13 décembre, jour de sa fête, des flots de lumière se déversaient sur son pays.

Or, les Suédois croyaient jadis que la nuit du 13 décembre était la plus longue et la plus noire de leur année. A la faveur de cette coïncidence, Santa Lucia fut adoptée en Suède. Et sa couronne de bougies enflammées troue d'un éclair lumineux l'interminable et sombre hiver de Scandinavie.

De bon matin, le 13 décembre, alors que toute la famille est encore endormie, la plus jeune fille de la maison se glisse hors de son lit, et revêt une longue robe blanche ornée d'une ceinture pourpre : elle va personnifier Lucia, qu'on appelle aussi *Lusse*! Sur sa tête, elle pose une couronne de feuillages d'airelle, piquée de hautes bougies blanches allumées. Puis, ainsi parée, la jeune Lucia éveille sa famille par une chanson traditionnelle. Si son âge le lui permet, elle sert du bon café chaud avec des *Lussekatter*, petits gâteaux briochés en forme de chat, aux yeux de raisin sec.

Dans les écoles, les bureaux et les usines de Suède, on élit la reine du jour, Lucia, et ses demoiselles d'honneur. Conduites par Lucia vêtue de sa robe blanche et couronnée de flammes, des processions parcourent les villes. Quelle délicieuse façon d'aborder Noël! Cette fête sereine donne souvent lieu à de grandes réunions de famille.

Vous n'imaginez pas l'importance que peut prendre, en décembre, la lumière des bougies dans les cérémonies traditionnelles suédoises. Il y a quelques siècles, on faisait toute l'année des économies de bouts de chandelles — au vrai sens du terme! — pour préparer le mieux possible les lumières de Noël. Vacillant aux fenêtres des fermes, la flamme des bougies éclairait chaleureusement le chemin des églises.

Allumés le soir de Noël, soufflés le lendemain matin, les cierges de Norvège se ranimeront chaque soir, jusqu'au Nouvel An.

Quelle diversité de tradition! Ainsi, en Suède, les étoiles multicolores égaient, pendant toute la période de l'Avent, les fenêtres des maisons et les vitrines de magasins. Comme en Allemagne, des Chanteurs à l'Etoile, vêtus de blanc, tenant une perche surmontée d'une étoile d'or, vont de maison en maison chanter des noëls ou jouer de petites saynètes. L'un d'entre eux se déguise parfois en chèvre. Rien d'étonnant à cela! Dans toute la Scandinavie, pas d'arbre de Noël sans une petite chèvre de paille. Et, en Finlande, c'est une chèvre aux longs poils blancs qui apporte les cadeaux.

Les Suédois, eux, ont une façon vraiment peu banale d'offrir les cadeaux! Après un mystérieux coup frappé à la porte, les *Julklappa*, cadeaux de Noël, sont lancés dans la maison. Fragile, s'abstenir! Ils ont été apportés par *Jultomten*, le Père Noël, aidé des *Tomtenisse*, ses enfants. Car le Père Noël suédois est le papa d'une nombreuse famille! Il distribue généreusement des jouets de bois peint, des découpages, et de délicates figurines de paille.

Pas de souper de Noël sans son jambon, bouilli puis passé au four ! On dégustera aussi toutes sortes de cochonnailles et les savoureuses saucisses. Puis viendront le pain d'épice et les confitures, orgueil de la maîtresse de maison. Le jour de Noël, on mange traditionnellement du *lutfisk*, morue sèche longuement trempée, puis bouillie et servie avec une sauce blanche.

Beaucoup de familles suédoises se réunissent pour une cérémonie connue sous le nom de *doppa i gryta*. On trempe, avant de les manger, des quignons de pain dans une grande marmite encore emplie de l'eau où a cuit le jambon de Noël. Cette tradition remonte à une très ancienne époque de vaches maigres, où toute chose susceptible d'être consommée devait échapper au gaspillage.

Noël, la fête de famille la plus importante de l'année, ne se termine pas sans que les enfants suédois aient dansé et chanté autour du sapin. Et personne, même au plus fort des jeux et des rires, n'oublie que les animaux ont droit aussi à un festin exceptionnel. Dans les campagnes, des perches couronnées de gerbes de blé attirent des nuées d'oiseaux. Et leur joyeux tapage illumine de bonheur les visages postés aux fenêtres des maisons bien chaudes.

Dans les prochaines pages, vous trouverez Lucia, sa couronne de bougies et son plateau de brioches. Plus loin, un décor suédois.
Souvenez-vous de décalquer avec précision, de plier suivant les pointillés, et de couper le long des traits pleins. Suivez attentivement les explications et comparez avec les diverses photographies.
Faites glisser les pièces enduites de colle jusqu'à ce qu'elles trouvent leur emplacement définitif. Coupez et pliez avec beaucoup de soin.
Un peu de patience, un peu d'attention, et vous êtes sûr de la réussite !

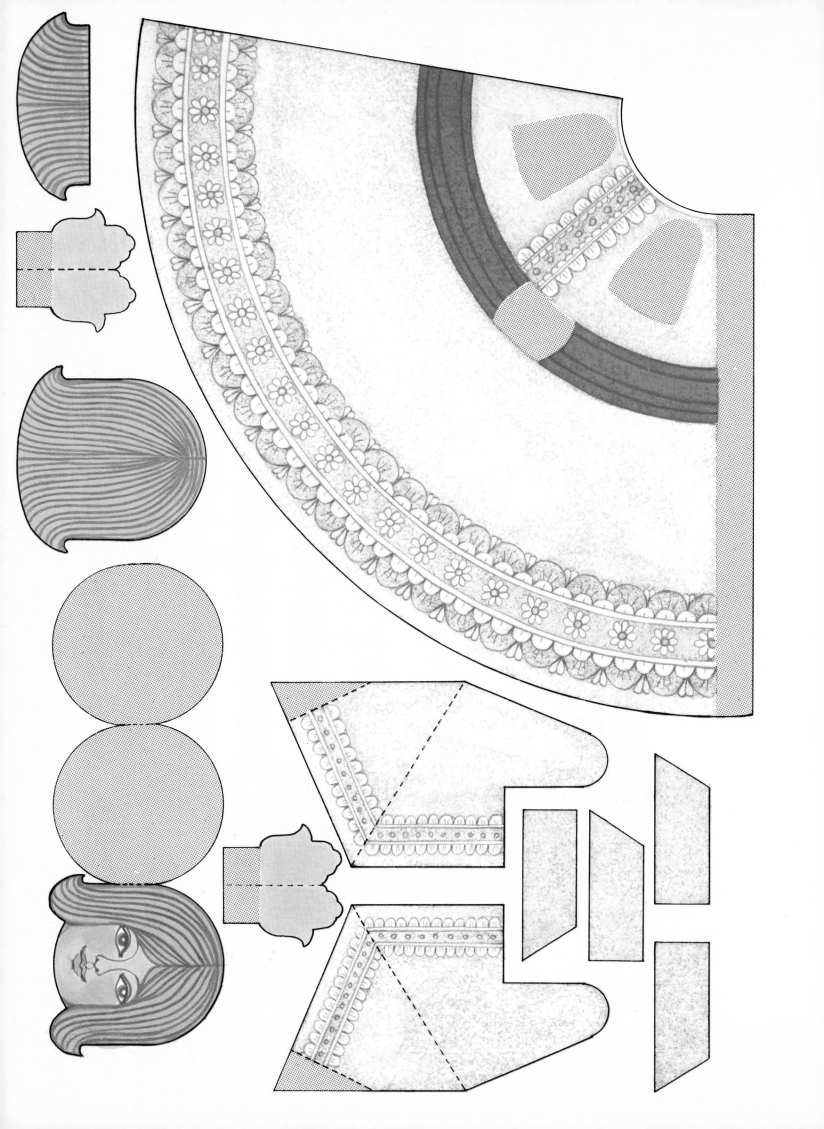

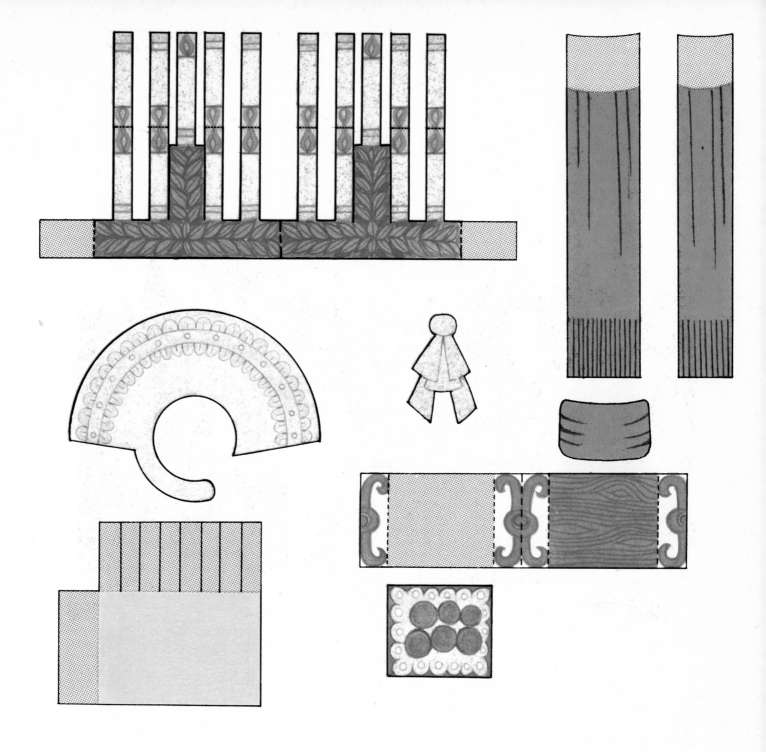

Lucia

Décalquez, reportez vos calques sur un carton léger ou un papier fort, coloriez, découpez vos pièces et comparez-les avec la photographie qui se trouve au verso de cette page. Reportez-vous ensuite aux photographies numérotées, en tête de l'ouvrage (pages 7, 8 et 9). Vous aurez ainsi tous les éléments nécessaires à la réalisation de vos figurines.

Exécutez les opérations dans l'ordre suivant :

corps : photographie **1** (page 7)
cou : photographie **2**
ceinture : collez le haut des rubans sur le devant de la robe ; collez le nœud rouge au centre
manches A (2 manches) : photographies **3, 4** et **5**
col : à coller comme la cape : photographie **13**
collez le nœud blanc sur le devant du col
tête : photographie **14**
cheveux et couronne de bougies : photographie **20**
placez la tête sur le cou : photographie **29**
plateau : photographie **27**
collez les anses du plateau entre les mains.

Septembre 1 2 3 4 5 6 7 8 9 10 11 12 13 14 15 16 17 18 19 20 21 22 23 24 25 26 27 28 29 30

Septembre... Octobre... les tambours
Annoncent le temps des labours!

Babouchka

Avec l'ancienne Russie, se sont éteintes de nombreuses coutumes du Noël orthodoxe. Toutefois, certaines persistent encore. Voici l'histoire de Babouchka, dont la légende varie d'un conteur à l'autre, d'une région à l'autre, de ce vaste pays.

En russe, *babouchka* signifie grand-mère. Et notre Babouchka est une charmante vieille dame qui adore les enfants. Ecoutez ce qui, dit-on, lui arriva par une très froide nuit d'hiver, alors que la terre disparaissait sous une épaisse couche de neige. Babouchka fit dans sa petite cabane un grand feu de bûches de pin. Heureuse de ne pas devoir affronter le vent glacial, elle s'assit devant la cheminée pour se réchauffer. Elle allait s'assoupir, dans un chaud bien-être, lorsqu'elle entendit frapper à sa porte. Trois hommes âgés, inconnus, se trouvaient sur le seuil. Leurs vêtements étaient étranges, mais leurs visages rayonnaient d'intelligence, de gentillesse, et ils tenaient dans leurs mains de précieux cadeaux. Ils expliquèrent qu'ils allaient les porter à Bethléem, dont une étoile leur indiquait le chemin, et ils demandèrent à Babouchka de les accompagner. Mais, jetant un regard par-dessus leurs épaules, elle vit, à la lueur des étoiles, la froide étendue de la plaine enneigée; puis elle entendit, derrière elle, le doux crépitement des flammes bondissantes... Et, de la tête, elle fit non. « Je suis trop vieille et trop fatiguée, pensa-t-elle, pour entreprendre un aussi long voyage. »

Les Rois Mages quittèrent donc Babouchka, et elle s'installa de nouveau devant son feu. Mais l'ombre d'un léger remords avait assombri sa joie.

Le lendemain matin, la vieille Babouchka emplit son panier de petits cadeaux, de jouets, et sortit pour rattraper les Rois Mages. Or la neige était tombée toute la nuit, effaçant les traces de leurs pas. Comment les retrouver ? Babouchka demanda partout si on les avait vus passer, se mit en route et marcha plusieurs jours, mais sans succès ! Voilà pourquoi Babouchka visitait à Noël chaque maison de Russie. Elle laissait des cadeaux aux enfants, puis repartait précipitamment vers la maison suivante en se murmurant à elle-même : « Du courage, Babouchka ! Continue ! »

Selon une autre légende, Babouchka indiqua volontairement une fausse direction aux Rois Mages qui cherchaient Bethléem. On dit aussi qu'elle refusa de les accompagner avant d'avoir filé sa laine, et, tandis qu'elle dévidait sa quenouille, la neige recouvrit les traces de leur passage. D'après cette dernière légende, Babouchka aurait aussi refusé d'héberger la Sainte Famille lors de sa fuite en Egypte. Mais, quelles que fussent ses fautes anciennes, elle s'efforçait de les réparer en distribuant généreusement des cadeaux aux enfants, le soir de Noël.

A l'origine, le Noël russe se fêtait le 7 janvier. Il en fut ainsi jusqu'à une époque récente. Noël commençait donc le 6 janvier, lorsque la première étoile apparaissait dans le ciel. Il s'agissait d'une fête purement religieuse, précédée d'un jour de jeûne et de prières. Imaginez la joie des familles russes qui, à leur retour de l'église, s'asseyaient à table pour un délicieux repas ! En ce dernier soir de pénitence, on se régalait de poisson et de *pirochkis*, petits pâtés aux légumes finement apprêtés. Venait ensuite le dessert traditionnel : un gâteau de riz aux fruits secs et aux graines de pavot. Sous la nappe, la table garnie de paille rappelait l'étable de Bethléem, et le sapin de Noël couronné d'une étoile à six branches, chargé de bonbons, de chandelles et de jouets, trônait dans toutes les maisons russes.

Le lendemain, après la messe de Noël, éclatait la joie des enfants ! Ils déballaient leurs cadeaux, et s'extasiaient lorsqu'on leur offrait une orange, fruit si rare qu'ils l'admiraient des jours et des jours avant de se décider à le manger. Au dîner, aussi copieux que délicieux, l'oie rôtie tenait compagnie au cochon de lait.

A l'école aussi, les enfants décoraient un arbre. Ses branches disparaissaient sous les bonbons, les chocolats, et une avalanche de petits trésors. Puis on le démantelait, et chaque enfant, ravi, emportait l'une des précieuses branches lourdement chargées.

Dans les pages suivantes, vous trouverez Babouchka, son panier et des habitants de l'ancienne Russie, prêts à évoluer dans le décor d'une vieille ville russe.

Souvenez vous de décalquer avec précision, de plier suivant les pointillés, et de couper le long des traits pleins. Suivez attentivement les explications et comparez avec les diverses photographies.

Faites glisser les pièces enduites de colle jusqu'à ce qu'elles trouvent leur emplacement définitif. Coupez et pliez avec beaucoup de soin.

Un peu de patience, un peu d'attention, et vous êtes sûr de la réussite !

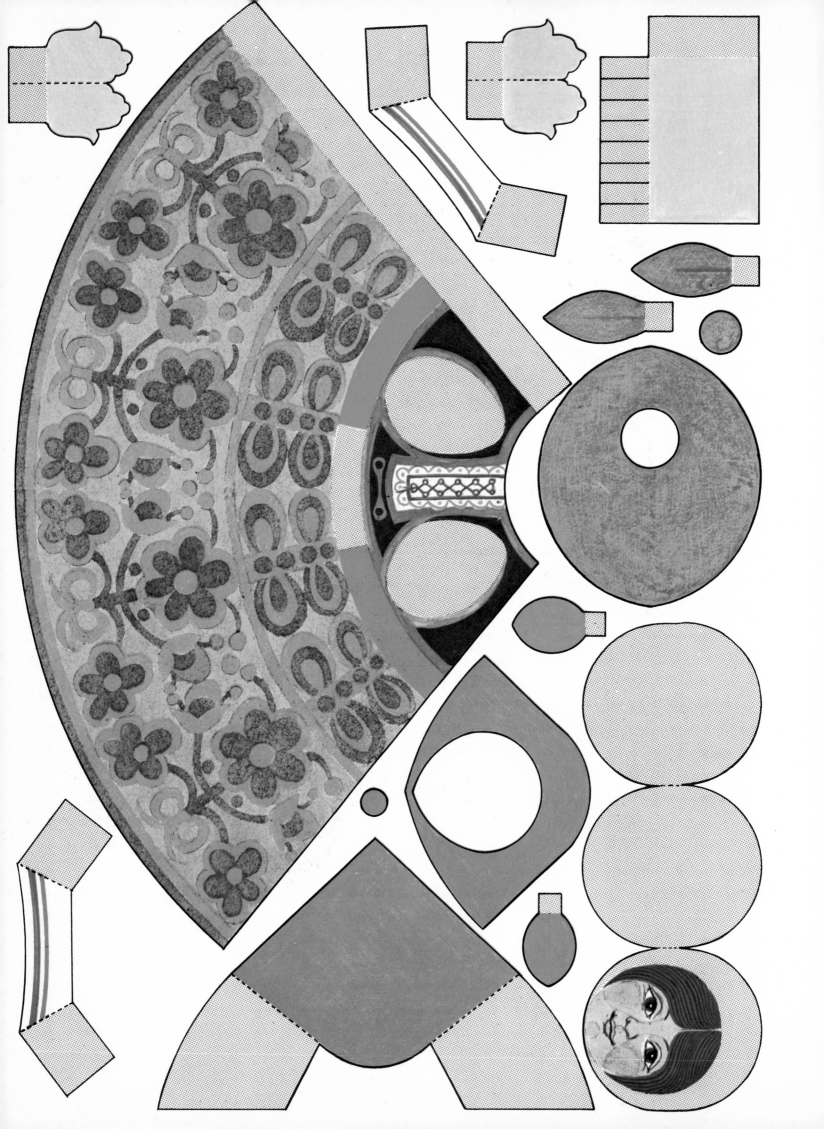

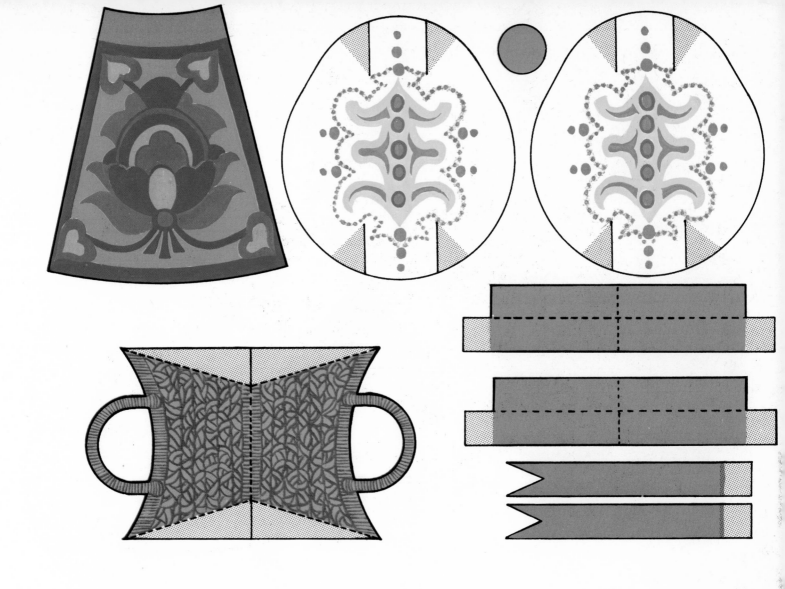

Babouchka

Décalquez, reportez vos calques sur un carton léger ou un papier fort, coloriez, découpez vos pièces et comparez-les avec la photographie qui se trouve au verso de cette page. Reportez-vous en-suite aux photographies numérotées, en tête de l'ouvrage (pages 7. 8 et 9). Vous aurez ainsi tous les éléments nécessaires à la réalisation de vos figurines.

Exécutez les opérations dans l'ordre suivant :

corps : photographie **1** (page 7)
cou : photographie **2**
collez le tablier sur le devant de la jupe
manches C : photographies **8, 9** et **10**
nœud de tablier : photographie **23**
collez les pointes sous le devant du châle ;
collez le nœud au-dessus,
et faites glisser le châle sur le cou
tête : photographie **14**
foulard : photographie **21**
placez la tête sur le cou : photographie **29**
panier : photographie **23**
collez le panier dans la main gauche.

Les fifres sonnent. Dès novembre,
Je frissonnerai dans ma chambre.

Octobre   1 2 3 4 5 6 7 8 9 10 11 12 13 14 15 16 17 18 19 20 21 22 23 24 25 26 27 28 29 30 31

Melchior

Le 24 décembre, en Espagne, se passe en dévotions jusqu'à la messe de minuit, que suit un long festin. Quant au jour même de Noël, on le passe calmement, à manger et à dormir. Sur les tables, les dindes truffées embaument, accompagnées de marrons, et l'on déguste à satiété les confiseries à base d'amandes, tel le délicieux *turron*.

A l'Epiphanie, de petits souliers emplis de paille attendent, sur les balcons, les chameaux des Rois Mages : épuisées de fatigue, les pauvres bêtes prendront avec joie la paille fraîche, et laisseront en échange des monceaux de cadeaux.

Au paisible Noël espagnol, s'oppose le Noël du Mexique, joyeux, turbulent, haut en couleur. Savez-vous que Noël, au Mexique, commence le 16 décembre et dure neuf jours ? Chaque soir, se répète la cérémonie de la *posada*, un mot espagnol qui signifie : auberge. Pourquoi neuf *posadas* ? Parce que, selon certains, Marie et Joseph ont cheminé neuf jours, de Nazareth à Bethléem, sans trouver d'abri. Et chaque posada commémore une étape de ce long voyage.

Chaque soir, donc, on se rassemble entre amis ou membres d'une même famille, et la procession commence. Les deux personnes qui jouent le rôle de Marie et Joseph marchent en tête. A leur suite, les trois rois, les bergers et les anges. La petite troupe chantant des noëls, s'avance à la lueur des torches, et frappe à chaque porte pour demander un abri qui, huit jours d'affilée, lui est refusé. Le neuvième soir, enfin, une porte s'ouvre toute grande et des chants de bienvenue accueillent les visiteurs.

Chaque posada se termine par une réception chez l'un ou chez l'autre, et l'on festoie en admirant, dans les maisons, la crèche magnifique et les bibelots de métal coloré qui peuplent les branches de l'arbre de Noël. Mais c'est la neuvième nuit, celle de Noël, que la fête bat son plein, scandée par les chants, les danses et les feux d'artifice.

Le jeu favori des enfants, pendant cette période de réjouissances, est celui de la *pinata*. Poteries artistiquement décorées, en forme de poissons, de clowns, ou de têtes diverses, les pinatas, que l'on pend aux toits des patios mexicains, contiennent de l'eau, des confetti, ou des friandises. Les enfants se disposent en cercle, et l'un d'eux va au milieu. Les yeux bandés, il essaie de casser les pinatas avec un bâton. S'il n'y parvient pas, il cède sa place à un autre. Et chacun, bien sûr, espère se faire arroser de friandises plutôt que d'eau ou de confetti !

Au Brésil, le Carnaval commence déjà en novembre. Dans les rues, sous des déguisements bariolés, la foule danse au son des violes, des tambours, des guitares et des cymbales! Et Noël éclate dans la fête comme le suprême bouquet d'un feu d'artifice éblouissant!

Au Nouveau-Mexique, dans le Sud des Etats-Unis, la plupart des festivités se passent en plein air. On allume des feux devant les maisons, on pose sur les toits des torches piquées dans des sacs de sable, et d'innombrables flammes s'élancent vers le ciel doux et serein.

Dans les pages suivantes, vous trouverez Melchior et son coffret d'or, divers personnages d'Espagne, et un décor espagnol.

Souvenez-vous de décalquer avec précision, de plier suivant les pointillés, et de couper le long des traits pleins. Suivez attentivement les explications et comparez avec les diverses photographies.

Faites glisser les pièces enduites de colle jusqu'à ce qu'elles trouvent leur emplacement définitif. Coupez et pliez avec beaucoup de soin.

Un peu de patience, un peu d'attention, et vous êtes sûr de la réussite!

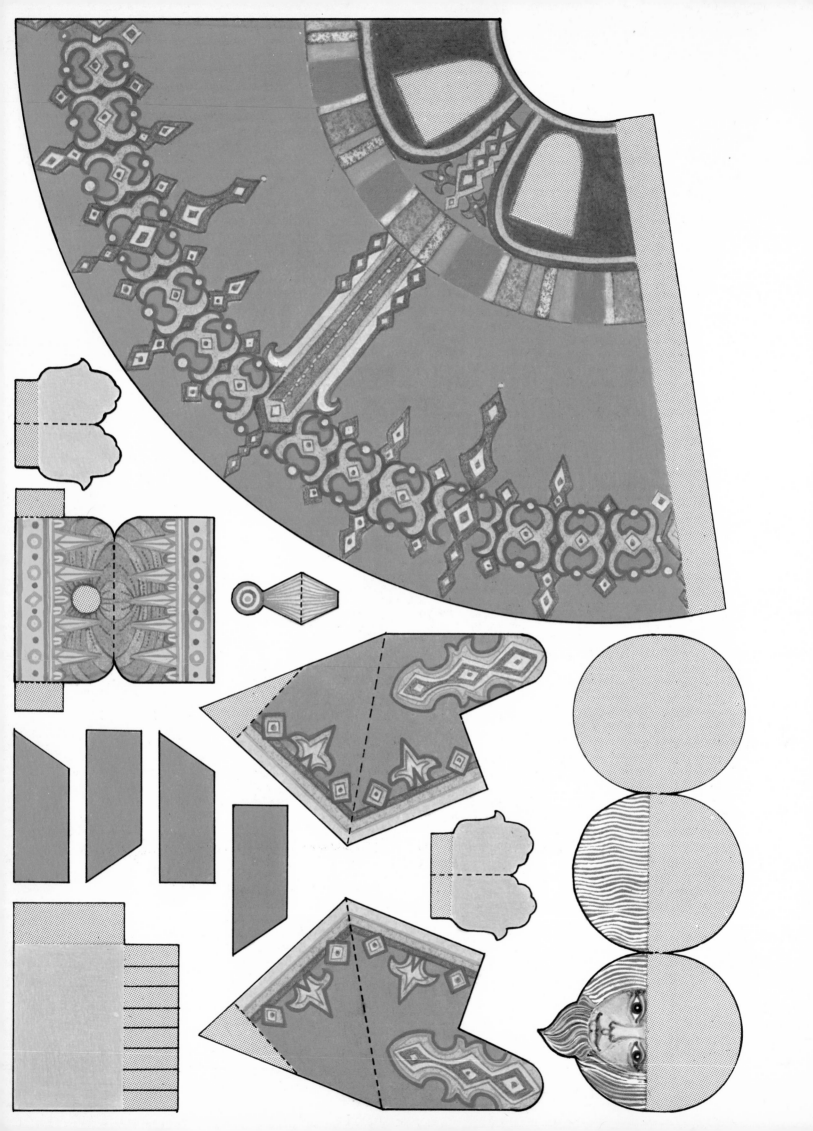

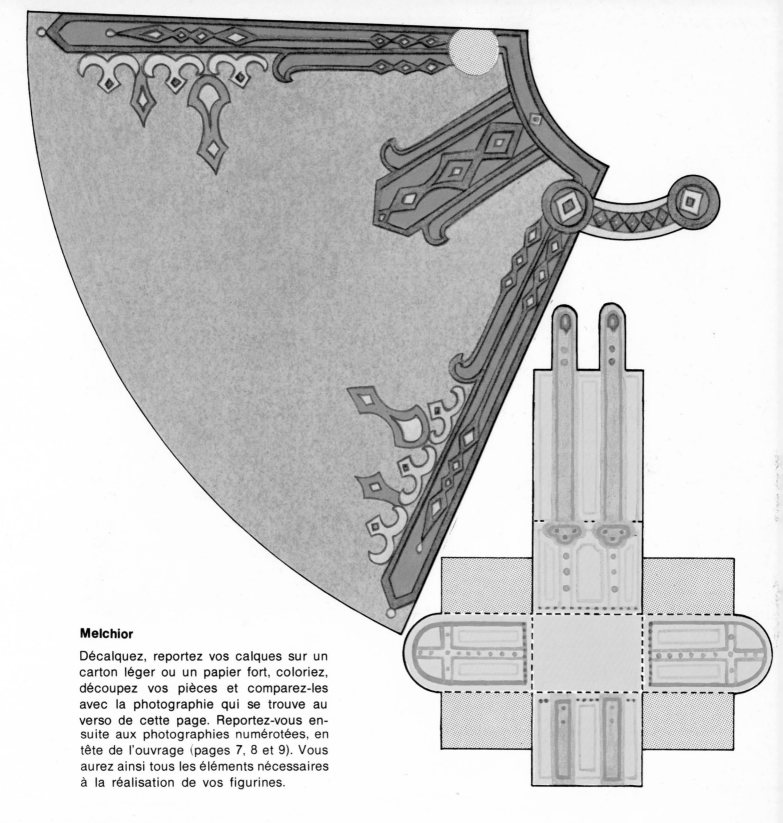

Melchior

Décalquez, reportez vos calques sur un carton léger ou un papier fort, coloriez, découpez vos pièces et comparez-les avec la photographie qui se trouve au verso de cette page. Reportez-vous ensuite aux photographies numérotées, en tête de l'ouvrage (pages 7, 8 et 9). Vous aurez ainsi tous les éléments nécessaires à la réalisation de vos figurines.

Exécutez les opérations dans l'ordre suivant :

corps : photographie **1** (page 7)
cou : photographie **2**
manches A (2 manches) : photographies **3, 4 et 5**
cape : photographie **13**
tête : photographie **14**
couronne : photographie **17**
pliez le plumet suivant le pointillé,
et collez les deux moitiés envers contre envers.
Collez le plumet à l'avant de la couronne
placez la tête sur le cou : photographie **29**
coffret d'or : photographie **28**
coller le coffret entre les mains.

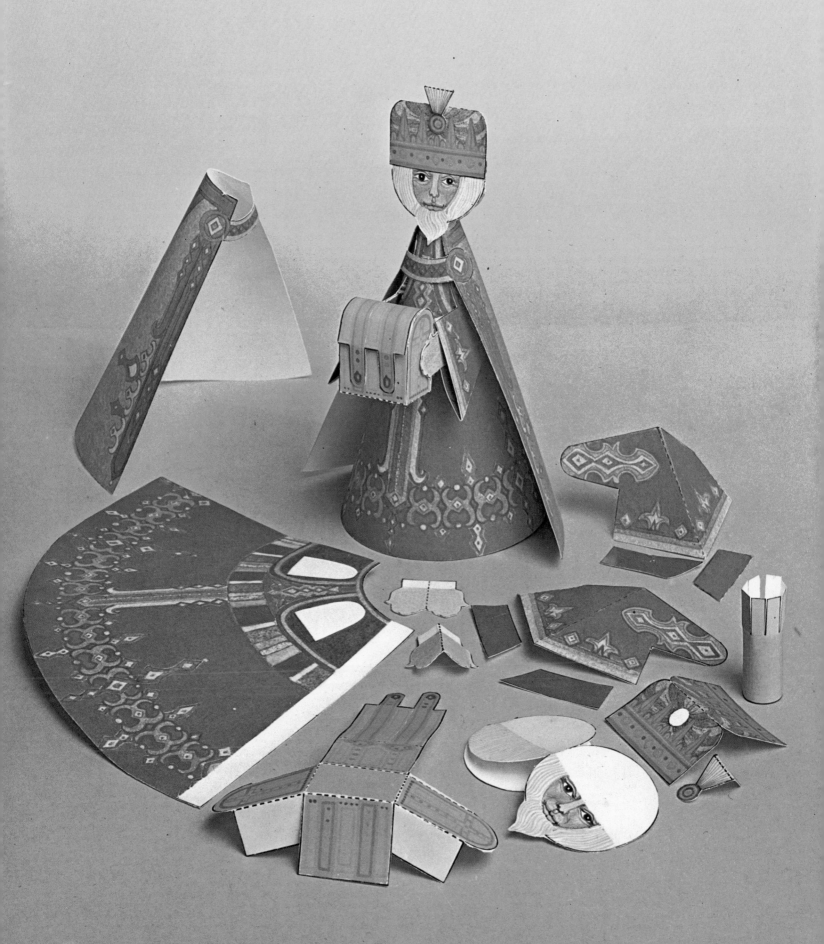

Espagne

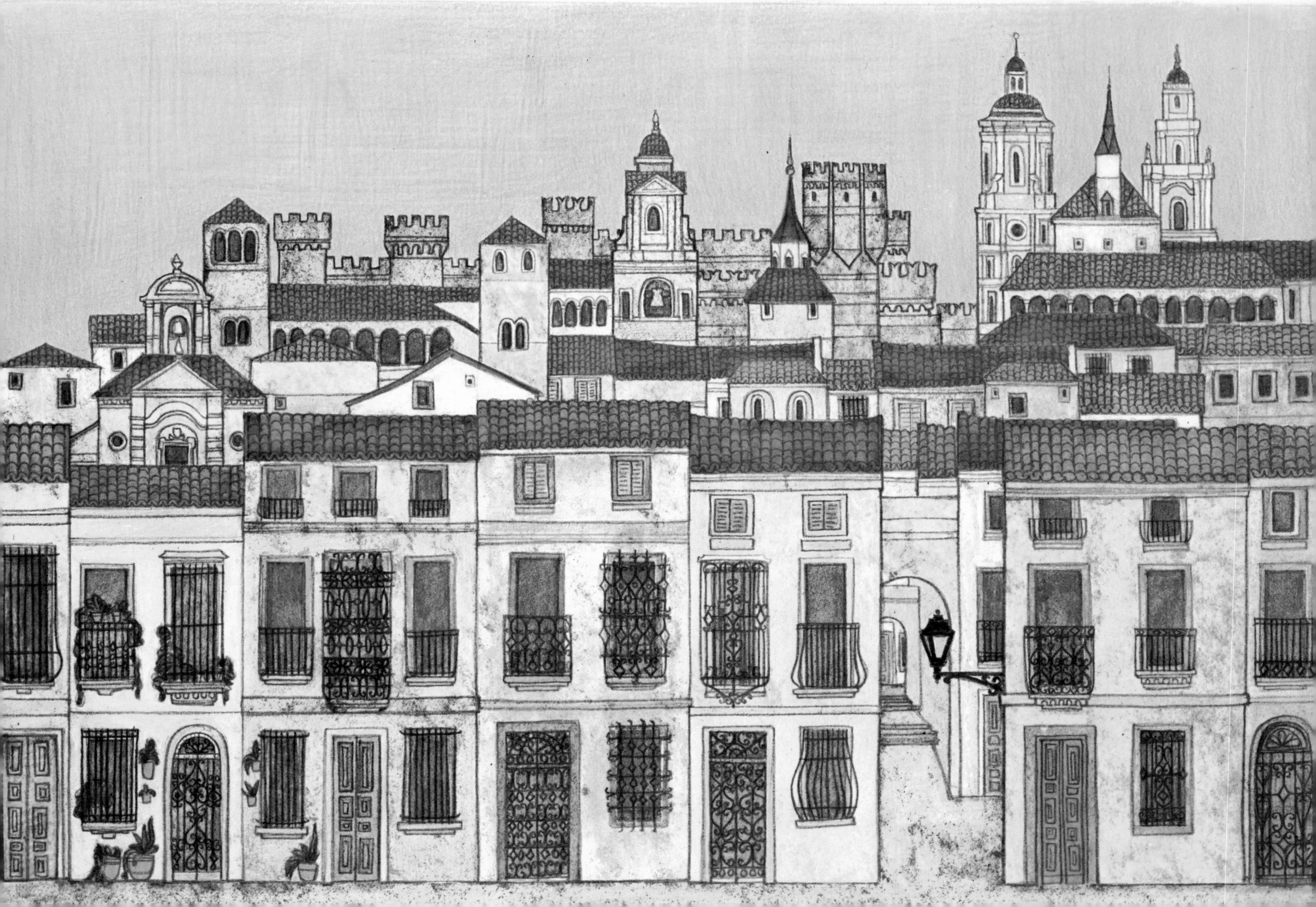

Que la neige en décembre apporte
Des danseuses devant ma porte!

Gaspard

En Syrie, c'est au centre même de l'église qu'on allume un feu de joie pendant la messe de minuit. Puis, tandis que les fidèles chantent des hymnes anciens, le prêtre fait le tour de l'église en portant une effigie du Christ. A la fin de la cérémonie, il touche, sans quitter l'autel, la personne la plus proche qui, à son tour, tend la main vers son voisin. Et tous les paroissiens bénéficient de ce qu'on appelle là-bas l'« attouchement de Paix ».

Dans les cours des maisons syriennes, on apporte des pieds de vigne et on dresse un bûcher. La famille s'installe tout autour et écoute le plus jeune des assistants lire, dans la Bible, l'histoire de la Nativité. Puis on chante des psaumes, et on formule des souhaits pleins de ferveur tandis que le père enflamme les ceps. Puisse le feu réchauffer les Rois Mages sur leur route ! Cette cérémonie se déroule portes fermées; son origine date sans doute de l'époque lointaine où l'on persécutait les chrétiens.

Mais ce n'est là qu'un épisode du Noël syrien, dont la célébration commence le 4 décembre, jour de la Sainte-Barbara, et se poursuit jusqu'à l'Epiphanie. Les cadeaux, dans le Nord du pays, sont apportés par un mulet. Les enfants du Sud, eux, attendent le passage du chameau de Jésus.

En Grèce, des groupes d'enfants chantant des *kalanda*, les noëls grecs, frappent aux portes des villages. Les habitants les accueillent avec joie et leur font souvent de gentils cadeaux. Les jeunes filles de l'Epire — connaissez-vous cette région du Nord-Ouest de la Grèce ? — tirent, à l'aube du jour de Noël, un peu d'eau de leur puits, et la mélangent à de la farine. Puis elles allument un cierge et répètent trois fois : « La flamme s'élève, le Christ est né. Que ma levure soit bonne ! » Dans une contrée voisine, la Macédoine, on purifie avec des braises tirées de l'âtre les outils de la ferme et le bétail. Et l'on verse du vin et de l'huile sur le foyer.

Le pain de Noël, en Grèce, subit une préparation spéciale. La pâte en est modelée de façon à prendre la forme d'animaux ou d'outils agricoles. Cloués aux murs des maisons, les pains y resteront toute l'année.

A Bethléem, la ville de Palestine où naquit le Christ, Noël se fête à trois dates différentes : le 24 décembre, chez les fidèles de religion catholique ou protestante; le 5 janvier parmi les Grecs orthodoxes, les Coptes et les adeptes de la religion syrienne; enfin le 17 janvier, soir du Noël arménien.

Mais dans l'église de la Nativité, brûlent des lampes pour tous les fidèles du Christ, et la nef appartient indifféremment aux adeptes des diverses croyances chrétiennes. De tous les coins du monde, des pèlerins viennent célébrer Noël à Bethléem, et l'église contient à peine les nombreux fidèles. Tous se pressent, dans la crypte souterraine, autour de l'étoile à quatorze branches qui marque, dit-on, l'emplacement exact où naquit le Christ.

Dans les pages suivantes, vous trouverez Gaspard, son coffret d'encens, et des personnages de Palestine. Plus loin, un décor syrien.
Souvenez-vous de décalquer avec précision, de plier suivant les pointillés, et de couper le long des traits pleins. Suivez attentivement les explications et comparez avec les diverses photographies.
Faites glisser les pièces enduites de colle jusqu'à ce qu'elles trouvent leur emplacement définitif. Coupez et pliez avec beaucoup de soin.
Un peu de patience, un peu d'attention, et vous êtes sûr de la réussite !

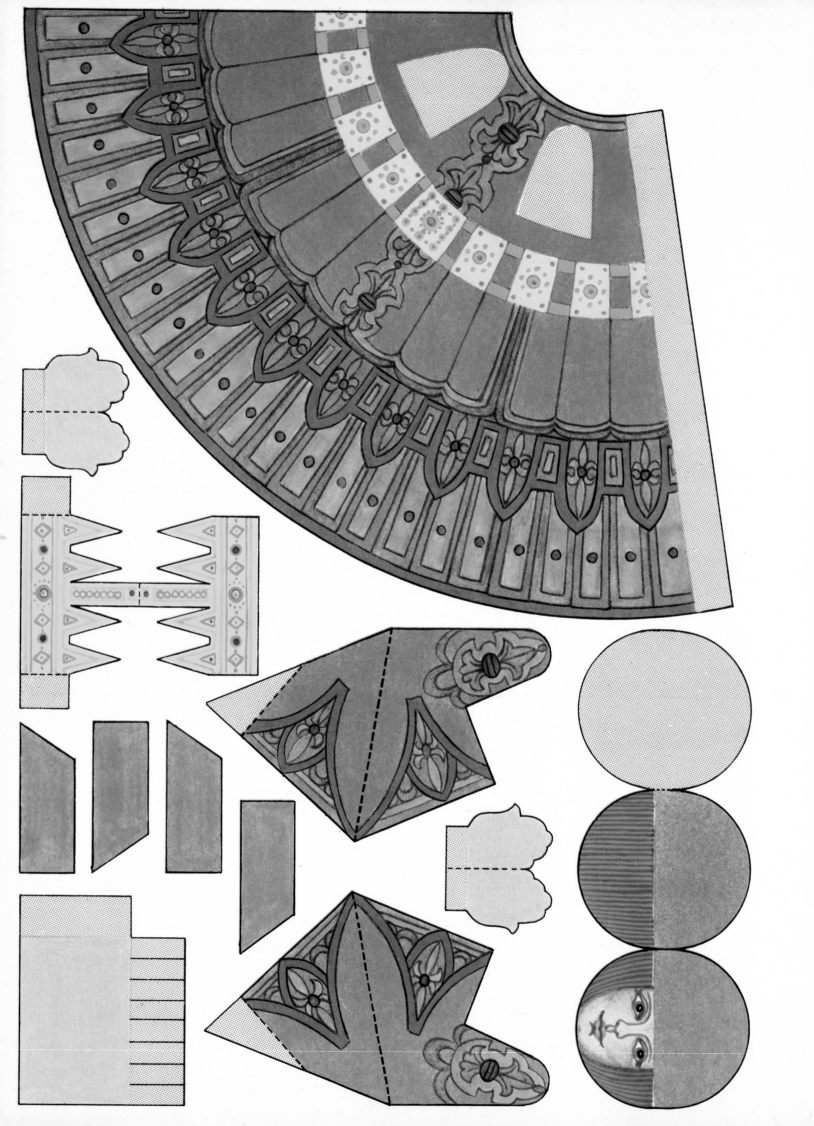

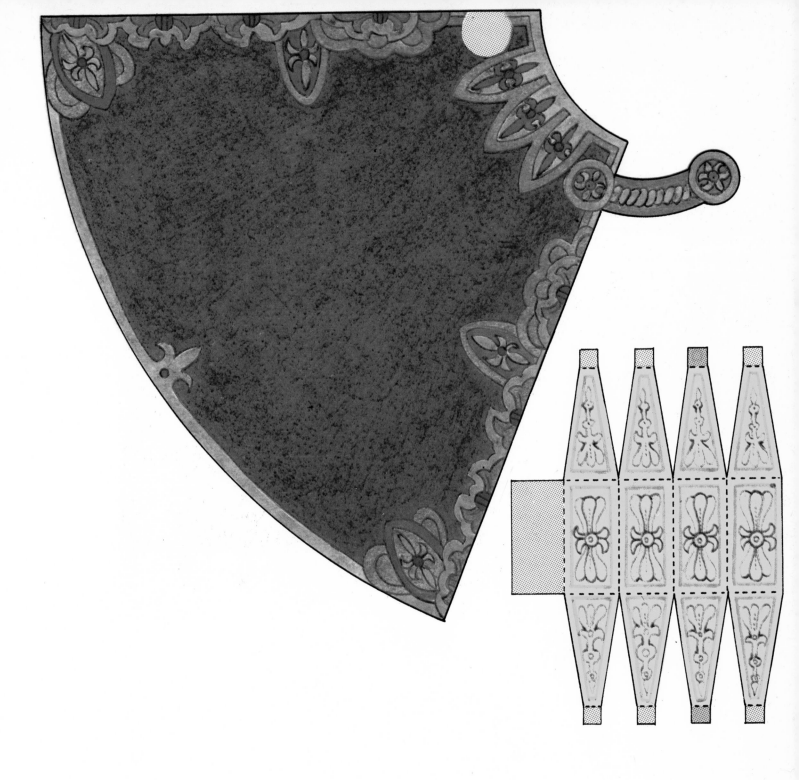

Gaspard

Décalquez, reportez vos calques sur un carton léger ou un papier fort, coloriez, découpez vos pièces et comparez-les avec la photographie qui se trouve au verso de cette page. Reportez-vous ensuite aux photographies numérotées, en tête de l'ouvrage (page 7, 8 et 9). Vous aurez ainsi tous les éléments nécessaires à la réalisation de vos figurines.

Exécutez les opérations dans l'ordre suivant :

corps . photographie **1** (page 7)
cou . photographie **2**
manches A (2 manches) . photographies **3, 4** et **5**
cape . photographie **13**
tête . photographie **14**
couronne . photographie **17**
placez la tête sur le cou . photographie **29**
coffret d'encens : photographie **28**
collez le coffret entre les mains.

Palestine

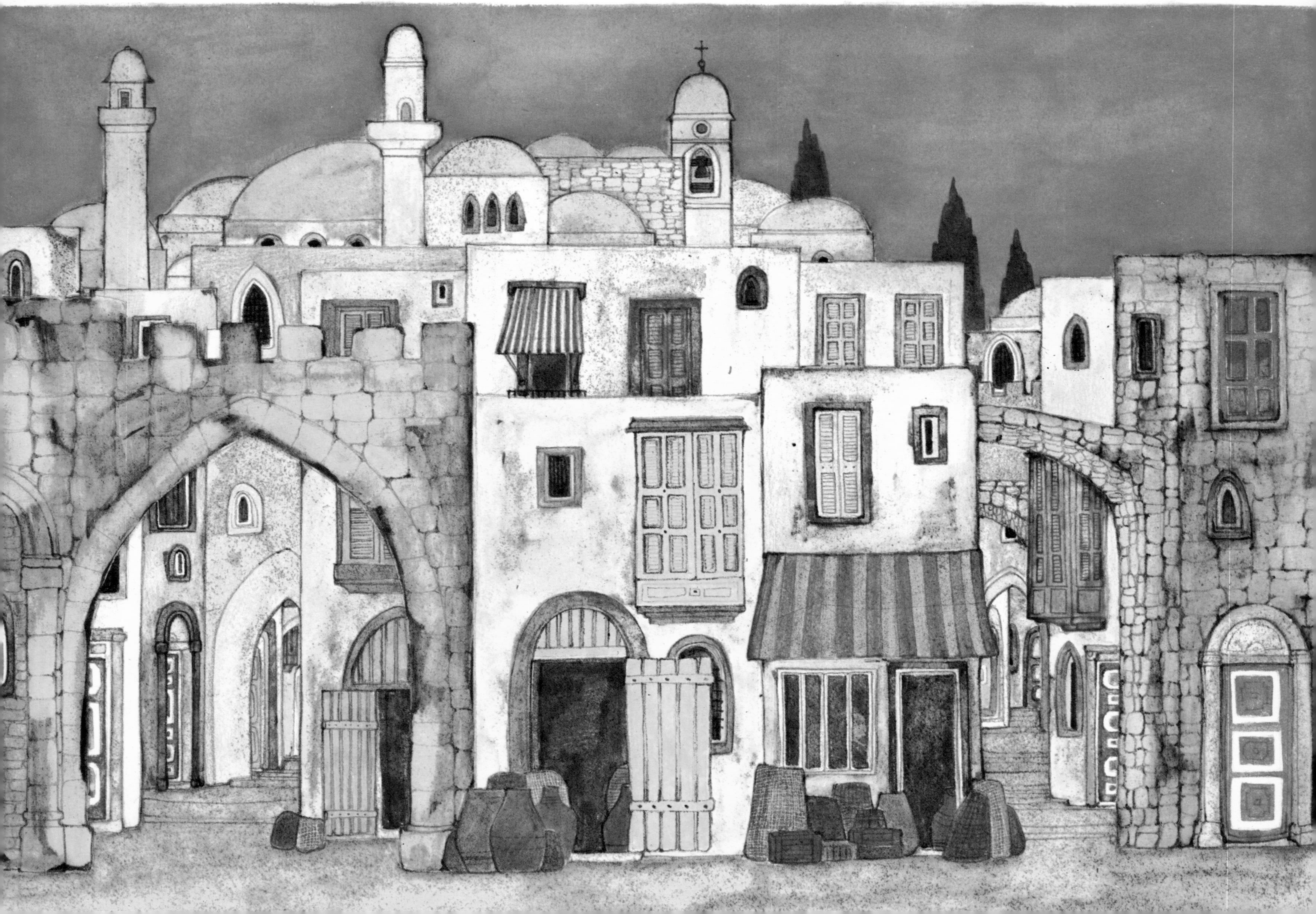

Janvier revient. Faisons les fous!
L'an neuf nous fixe un rendez-vous.

Balthazar

Des mages venus d'Orient se présentèrent à Jérusalem pour rendre hommage à l'enfant nouveau-né. Ils s'étaient mis en route dès qu'ils avaient vu dans le ciel son étoile se lever. Et voici que l'étoile, leur montrant le chemin, les conduisit jusqu'à l'endroit où se trouvait l'enfant! Le cœur des mages débordait de joie. Ils entrèrent dans l'abri, et, voyant l'enfant Jésus avec Marie, sa mère, ils tombèrent à genoux, et se prosternèrent devant lui. Puis, ouvrant leurs cassettes, ils lui offrirent en présent de l'or, de l'encens et de la myrrhe. C'est en souvenir des Rois Mages que l'on célèbre l'*Epiphanie;* à ce nom si joli, on adjoint parfois celui de *Jour des Rois*.

Qui furent ces mages, dont nous avons hérité le mot de *magie*? Nous ne le savons pas exactement, mais on leur donne le plus souvent, les noms de Melchior, Gaspard et Balthazar. La tradition les veut rois. Melchior, vieux roi d'Arabie et de Nubie, à la barbe et aux cheveux gris, offrit de l'or à l'enfant, en symbole de sa royauté. Le jeune Gaspard, roi de Saba, lui donna de l'encens, en hommage à sa divinité. Et Balthazar, le roi noir à la barbe noire comme l'ébène, qui régnait sur Tarse et l'Egypte, apporta de la myrrhe, annonçant ainsi la mort terrestre du Christ. On dit également que, prêtres astrologues, ils seraient venus de Perse, car ces hommes au grand pouvoir voyageaient avec beaucoup d'apparat et une royale magnificence.

Prêtres, rois, ou mages, nous leur devons en tout cas ce Père Noël qui, avec fidélité, dévale nos cheminées! Peu importe que vous receviez vos cadeaux de la Befana, de saint Nicolas, ou même d'une petite chèvre blanche aux longs poils. Ce qui compte, c'est que les hommes de tous les pays vivent dans la même atmosphère de bonheur et de lumière! Que chacun prête attention aux autres, pense à leur manifester un peu plus d'amitié, un peu plus de sollicitude! Que la joie pétille, éclate, scintille dans tous les yeux! Que la guerre s'arrête! Que les soldats, posant leur mitraillette, échangent des sourires et des présents! Qu'ils oublient, le temps d'une trêve, leurs rancunes absurdes, et entonnent au même instant, chacun dans son langage, les doux chants de leur pays!

Noël passé, nous entrons dans une nouvelle année. Puisse-t-elle vous apporter beaucoup de joies ! Et que fleurissent, jardiniers du monde entier, les roses de votre jardin secret !

Dans les pages suivantes, vous trouverez Balthazar, son coffret de myrrhe, et les chameaux qu'il amena de Perse.

Souvenez-vous de décalquer avec précision, de plier suivant les pointillés, et de couper le long des traits pleins. Suivez attentivement les explications et comparez avec les diverses photographies.
Faites glisser les pièces enduites de colle jusqu'à ce qu'elles trouvent leur emplacement définitif. Coupez et pliez avec beaucoup de soin.
Un peu de patience, un peu d'attention, et vous êtes sûr de la réussite !

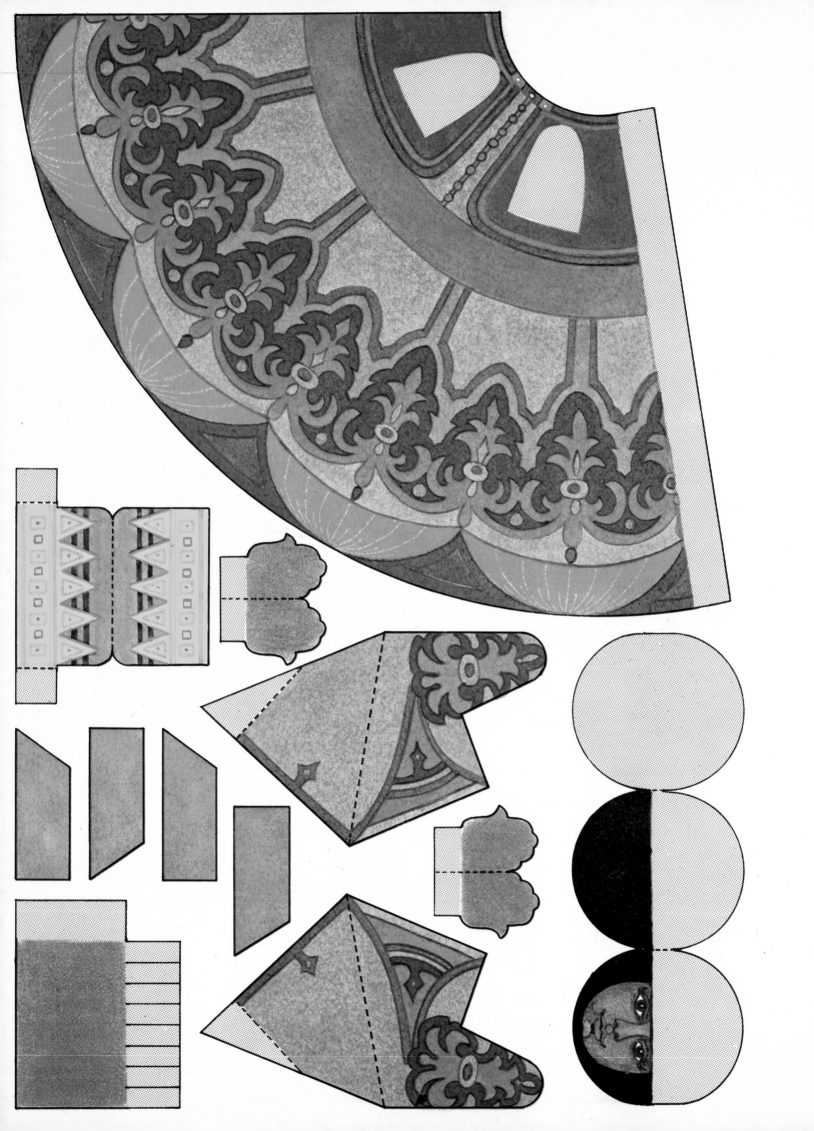

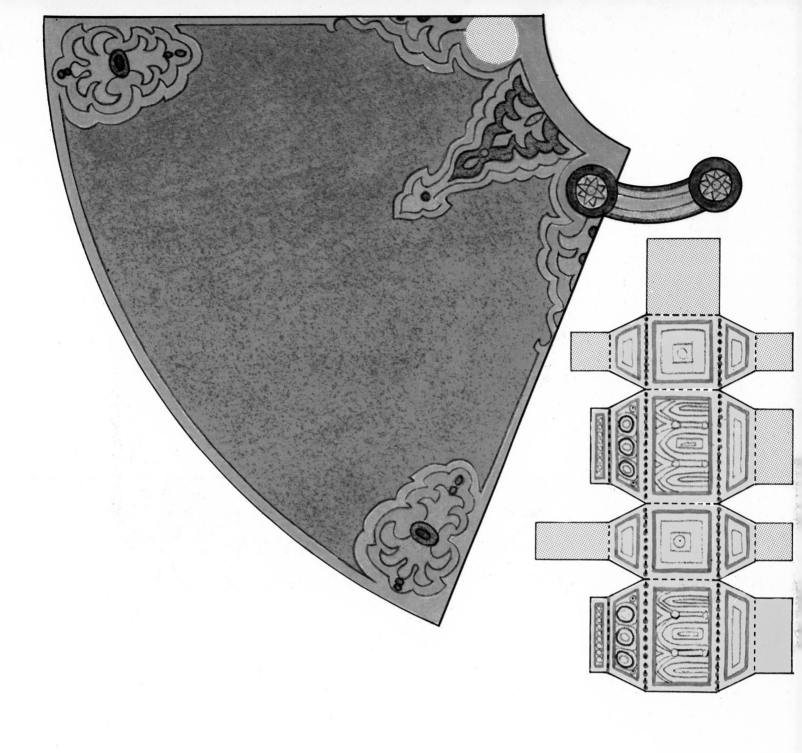

Balthazar

Décalquez, reportez vos calques sur un carton léger ou un papier fort, coloriez, découpez vos pièces et comparez-les avec la photographie qui se trouve au verso de cette page. Reportez-vous ensuite aux photographies numérotées, en tête de l'ouvrage (pages 7. 8 et 9). Vous aurez ainsi tous les éléments nécessaires à la réalisation de vos figurines.

Exécutez les opérations dans l'ordre suivant :

corps : photographie **1** (page 7)
cou . photographie **2**
manches A (2 manches) . photographies **3, 4** et **5**
cape . photographie **13**
tête . photographie **14**
couronne : photographie **17**
placez la tête sur le cou . photographie **29**
coffret de myrrhe . photographie **28**
collez le coffret entre les mains.

Perse

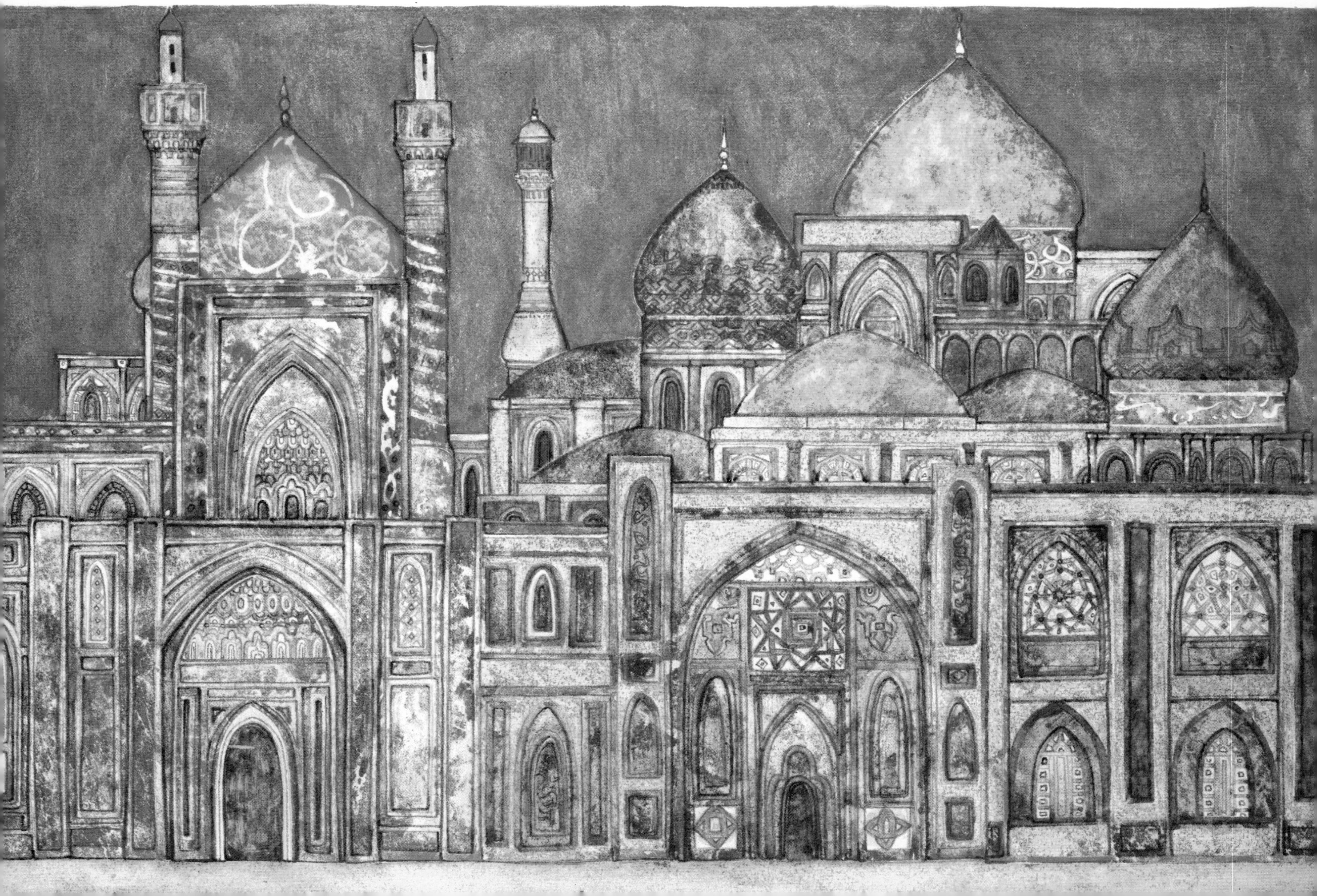

Quelques idées de décoration

Vous voici, à présent, en possession de douze figurines de papier. Vous vous demandez laquelle est la mieux réussie ! Vous disposez également de douze théâtres peuplés de nombreux personnages. Les quelques idées suivantes vous aideront à les mettre en valeur.

Avec un point de colle, fixez la tête au cou de votre figurine. Passez un fil de coton au travers de la coiffure, et suspendez-la à l'arbre de Noel.

Prenez trois cintres de métal. Glissez-les l'un dans l'autre et liez les crochets par un ruban. Puis accrochez les figurines par un fil de coton. Il ne vous reste plus qu'à suspendre votre mobile au plafond.

Décors de table, pour les jours de fête.

Disposez les figurines sur une étagère, devant leur décor et en compagnie des petits personnages.

Fabriquez une boîte (ou prenez une boîte toute faite). Tapissez le fond avec l'un des décors, puis fixez la boîte au mur, comme un tableau.

Selon la place dont vous disposez, et votre fantaisie, alignez les décors.

Une dernière idée : découpez la base des petits personnages, puis fixez-les au bas de leurs décors que vous pouvez ensuite accrocher au mur. Mis bout à bout, ils s'aligneront en une longue frise.

Imprimé en Italie par Arnoldo Mondadori Editore - Vérone
Dépôt légal n° 5599 4e trimestre 1972
20.99.4219.01

20/4219/0
72.XI

French   7663
448.026   Kailer, Claude
Kailer   Noel autour du
            monde

$17.40

DATE DUE		
Mart Webb		